السياسـة الخارجيـة الأمريكيـة
في القرن الحادي والعشرين

الدكتورة
عبير بسيوني عرفة على رضوان

الطبعة الأولى
2011

الناشر
دار النهضة العربية

ملخص تنفيذي

نشأت السياسة الخارجية الأمريكية وارتقت عبر السنوات والحقب المتواترة حتى أخذت شكلها الحالي، وتشارك كل أجهزة وكيانات الدولة الأمريكية في عملية صنع السياسة الخارجية، وإذا كان نطاق المشاركة يشمل السلطات التنفيذية والتشريعية والقضائية، فإن طبيعة النظام السياسي الأمريكي تجعل من نطاق الإسهام والمشاركة في صنع السياسة الخارجية أكثر اتساعاً بحيث يشمل مراكز الدراسات وأجهزة الإعلام والصحافة ومراكز بحوث واستطلاعات الرأي العام ومنظمات المجتمع المدني الأمريكية.

وركزت السياسة الخارجية الأمريكية في مراحلها المختلفة على <u>غاية واحدة تتمثل في المضي قدماً في صعود قوة أمريكا وفرض سيطرتها على النظام الدولي</u> وهي حقيقة تشير إليها وتؤكدها تحركات السياسة الخارجية الأمريكية منذ لحظة حرب الاستقلال الأمريكية وحتى الآن. وتتميز السياسة الخارجية الأمريكية بالنزعة البراجماتية بسبب سعي هذه السياسة الدائم من أجل تحقيق الأهداف المادية والرمزية المعنوية المعلنة وغير المعلنة، وبالتالي فمجالها واسع النطاق يشمل كامل مكونات النظام الدولي.

واعتمد أسلوب السياسة الخارجية الأمريكية في مرحلة ما بعد الحرب الباردة على استخدام الوسائل التدخلية في التعامل مع النظام الدولي وطوال الفترة التي أعقبت الحرب الباردة ظلت السياسة الخارجية الأمريكية تركز على استخدام نوعين من الوسائل هما:

أ)   الوسائل التدخلية العسكرية ـ الأمنية.

ب) الوسائل التدخلية الاقتصادية – السياسية.

و لا يفرق استخدام الوسائل التدخلية بين حلفاء أمريكا وخصومها والفرق الوحيد يتمثل في طبيعة النوعية التدخلية التي تستخدمها السياسة الخارجية الأمريكية.

وبمراجعة الاستراتيجيات الأمريكية التى تحدد السياسة الخارجية الأمريكية يلاحظ ان المحاور الرئيسية لها لم تشهد تغييرات جذربة، سواء مع إدارة جمهورية أو أخرى ديمقراطية، وأن التغيير الواضح جاء بعد أحداث الحادي عشر من سبتمبر2001، خاصة عام2002، وعام2006، حيث فرض المحافظون الجدد مفاهيمهم علي السياسات الخاصة بتحقيق المصالح الأمريكية والتي تمحورت حول الحملة الدولية علي الإرهاب كهدف رئيسي تنطلق منه، وتدور حوله، كافة المحاور الأخري، ولم تفرق بين التنظيمات الإرهابية والإسلام، وانطلاقا من ذلك جاء إسقاط النظامين في أفغانستان والعراق واحتلال العراق.

وقد كانت التوقّعات من الإدارة الديمقراطية الجديدة التي يرأسها باراك أوباما كبيرة. توقّعات بتغييرات أساسيّة في السياسة الخارجية الأميركية عموماً وفي منطقة الشرق الأوسط خصوصاً. وبعد مرور أكثر من عام ونصف من إدارة أوباما وضحت ملامح السياسة الخارجية الأمريكية في ظل هذه الادارة التى لا تعدو أن تكون استمرار المنهج الذى اتبعه بوش الابن في ولايته الثانية للتعامل مع الشئون العالمية، وحتى في المواضيع التى حاول اوباما ان يغير سياسة ادارة بوش حيالها (قضية جوانتانامو مثلاً) اعاقه واقع الحال من أن يصل الى ما كان يصبو اليه. وما أنجزته بالفعل

هو تحسين خطاب السياسة الخارجية الأميركية، و ان حمل تناقضات على ارض الواقع.

وتهدف الإستراتيجية الجديدة للرئيس أوباما إلى تجديد القيادة الأميركية للعالم، حتى تتمكن من تحقيق مصالحها في القرن الـ21، وذلك على مسارين: أولهما: يتمثل في بناء قوتها الداخلية، أما ثانيهما فيتمثل في العمل على صياغة نظام دولي يُمَكِن من مواجهة التحديات الدولية. ويأتي ذلك تماشياً مع تعامل أوباما مع النظام الدولي «كما هو»، وليس من زاوية ما يجب أن يكون عليه والتي سيطرت على استراتيجيتي الأمن القومي لعامي 2002 و2006، ولإدراكه مدى التغيير في موازين القوى الدولية، فلم تعد الولايات المتحدة هي القوى العظمى في ظل صعود منافسين على المسرح الدولي، لا سيما مجموعة (**BRIC**)- التى تضم كلٍ من البرازيل، الهند، روسيا، والصين - وإلى أي مدى تراجعت القيادة والريادة الأميركية. لذا، وعلى اختلاف الاستراتيجيات السابقة، أولت الاستراتيجية جانباً كبيراً من الأهمية لاستعادة القوة والريادة الأميركيتين واللتين تبدآن من الداخل الأميركي باعتبار أن ما يحدث في الداخل يحدد قوة الولايات المتحدة ونفوذها الخارجى.

وقد تميزت إستراتيجية أوباما بمزجها بين التصور المثالي في أهدافها ومنطلقاتها والتصور الواقعي في وسائل وآليات تحقيق الأهداف التي أكدتها. فهي تتحدث عن ضرورة نشر القيم والمبادئ الأميركية من حرية وعدالة وديموقراطية، وهي قيم ومبادئ تحمل في حقيقتها تصوراً مثالياً للعالم، ولما يجب أن يكون عليه، وهو تصور غالب في جُل استراتيجيات الأمن القومي

الأميركية. ولكن الاستراتيجية في الوقت ذاته تتحدث عن إدراك العالم «كما هو» والتعامل مع قضاياه وتحدياته القائمة.

أما على صعيد السياسة الخارجية، فعكست الاستراتيجية القضايا الكبرى التي احتلت مكانة متقدمة في أجندة أوباما الانتخابية خلال عام 2008، وخلال الأشهر الماضية له في البيت الأبيض كقضية التغير المناخي، واستمرار النمو الاقتصادي العالمي وخروجه من أزماته المالية وقضية منع الانتشار النووي وتأمين المواد النووية المعرضة للخطر.

و يمكن تقسيم محاور هذه الوثيقة إلى ثلاث: الأمن العسكري، الأمن الاقتصادي، الدور السياسي والثقافي الأمريكي. إلا أن أهم قضاياها هي: الإرهاب والإسلام، الاقتصاد، منع الانتشار النووي، الشرق الأوسط، العراق، آسيا، إفريقيا، القارة اللاتينية، روسيا، أفغانستان. وبذلك فإن محاورها الرئيسية هي نفسها التي تضمنتها الاستراتيجية السابقة، و لا يزال محور الأمن هو المحور الحاكم. وبدلاً من الحملة الدولية علي الإرهاب تحدثت الاستراتيجية الجديدة عن خطر أساسي وهو تنظيم القاعدة، وجعلت من الأهداف الرئيسية العمل علي تفكيك هذا التنظيم والمنظمات المرتبطة به، والتركيز علي القاعدة كعدو رئيسيـ وإن كان له ما يبرره من ضرورات الأمن الأمريكي والعداء بين أمريكا والقاعدة، إلا أن ذلك يبرر في الوقت نفسه التورط الأمريكي المتزايد في أفغانستان خاصة وأن الإدارة الحالية هي التي اتخذت قرار زيادة حجم القوات هناك. بالتالي تحتاج إلي دمج هذا القرار ضمن منظومة متطلبات الأمن القومي الأمريكي.

كما تواصل الاستراتيجية الاهتمام بنشر الديمقراطية وحقوق الإنسان من

خلال مقاربة جديدة، حيث نصت علي أن الولايات المتحدة ترفض الخيار الزائف بين السعي لتحقيق مصالح ضيقة وشن حملة لا نهاية لها لفرض قيمها، وأكدت أن الأكثر تأثيرا في العالم هو أن تُكرس أمريكا هذه القيم في داخلها حتي تقدم نموذجاً يُحتذي به في الدول الأخري، وربما يكون هذا الفكر وراء تمسك أوباما بالموافقة على بناء المُجمَع الإسلامى بالقرب من موقع مركز التجارة العالمى الذى دُمر فى 11 سبتمبر 2001.

وجاء الحديث عن استخدام القوة العسكرية في الإستراتيجية الجديدة مغايرا عن الإستراتيجية السابقة، فأشارت إلي أن هذا الاستخدام وإن كان ضرورة، إلا أن الولايات المتحدة ستعتمد كافة الخيارات المطروحة قبل البدء باستخدام القوة. ويبقى هذا التغيير - وفقاً لتقديرات عديدة نظرياً إلي حد كبير، إذا أُخذ فى الاعتبار الإستراتيجية العسكرية الأمريكية التي أعلنت منذ شهور، والتي تضمنت إقامة منظومة دفاعية تشمل منطقة الشرق الأوسط، وتوسيع صلاحيات أجهزة المخابرات، والقيادة العسكرية الوسطي بالتحديد للقيام بعمليات سرية وعسكرية بالتشاور مع دول في مناطق تري واشنطن أنها تحقق مصالحها، وكذلك القيام بعمليات دون استئذان تلك الدول، متى اقتضى الأمر ذلك .

والخلاصة هى أنه في مجال السياسة الخارجية لم يحدث أي تغيير جذرى على الإطلاق. ورغم ما كتب عن توجهات أوباما السلمية وكراهيته للمغامرات العسكرية في الخارج، فهو لم يقم حتى الآن بتعديل السياسة الأمريكية في العراق على نحو ملحوظ، رغم تخفيض الوجود العسكري الأمريكي في العراق. ولعل الخطاب الأكثر وضوحاً لأوباما كان في حالة

إيران، صاحبة الأحداث الأكثر إثارة، إذ مـد أوبامـا يـده بالسـلام إلى النظام الإيراني، وعـرض عـلى زعمائـه الاجتماع بهـم، بـل وتعامـل مـع الصعود المفاجئ للمعارضة بقدر كبير من اللامبالاة.

والأمثلة على ذلك كثيرة:

- فيما يتعلق بسياسـة أوبامـا تجاه العراق فإنه في الوقـت الـذي يشدد عـلى الإنسحاب عـلى مراحل إلا أن تأكيـده عـلى استقرار العـراق والحيلولـة دون قيـام حكومـة معاديـة أو قيـام قاعـدة للإرهاب فيه يشير إلى بقاء أمريكي - من نوع معين - فضلا عـن وجود دبلوماسية نشطة للقوة الناعمة تعمـل عـلى تحقيـق هـذه الأهداف.

- أن نظرتـه إلى أفغانسـتان ربمـا تختلـف قلـيلا، فمـع أيدلوجيتـه الديمقراطية يرى أن التدخل العسكري كان ضروريـاً بسبب وجـود القاعدة المسؤولة عن أحداث 11 سبتمبر وعن وجود نظام طالبان المتشدد والأصولي، وهو مـع تعزيـز الوجـود الأمـريكي والأطلسي- فيها.

- كما ان نظرة أوباما إلى تشجيع الديمقراطية في العالم لا تقوم عـلى الفـرض مـن الخـارج وإنمـا تشجيع الداخل على الوصـول إلى مرحلـة الديمقراطية عبر وسائل الضغط المباشر وغير المباشر.

- أما سياسة أوباما تجاه التصدي للـدول المارقـة فهـي غامضـة وحتـى موقفه من الملف النووي الإيراني الذي يشغل المنطقة والدول الكبرى فهو الآخر غامض، وكذلك في سياساته للتصدي لمنافسة الصين. في حين نجد أن سياسته المفترضة للتصدي للمـنظمات الإرهابيـة تقوم عـلى مبدأ التعاون الدولي الذي يقلل من كلفة التدخل ويحمي أمريكا من

القيام بدور الشرطي على الرغم من أنه يؤيد التدخل الأحادي في حالات الضرورة إذا كان ذا أبعاد أخلاقية وكذلك الحال للضربات الاستباقية.

- يطرح أوباما أيضاً مسألة معالجة الفقر في دول العالم وأن أمن العالم هو أمن لأمريكا أيضاً ومعالجة مسألة الدول الفاشلة من القضايا المهمة لأنها تشكل أرضية خصبة للإرهاب وهنا تأتي دور المساعدات الأمريكية ونشاطات صندوق النقد الدولي والبنك الدولي.

- على صعيد الصراع العربي الإسرائيلي والقضية الفلسطينية فلا تتوقع ادارة اوباما حلا في الجيل الحالي، وقد توصل إلى هذه النتيجة بعد زيارته لفلسطين وهو في هذا الأمر يتفق مع طرح المنظمات الفلسطينية مثل حماس وغيرها التي لا تعتقد بأي حل يطرح.

وأخيراً يلاحظ أن أوباما في نظرته إلى السياسة الخارجية الأمريكية المقبلة قد أهمل أو سكت مع كيفية التعامل مع:

- شيوع اليسار الديمقراطي في أمريكا اللاتينية وهو معاد لأمريكا بصورة عامة.

- أن أفغانستان اليوم تشكل مع كشمير سبباً للتوتر المتصاعد بين الهند وباكستان وهما دولتين نوويتين.

- وضع سياسة أمريكية تتعامل بإيجابية مع الأحزاب الإسلامية التي تؤمن بتداول السلطة والديمقراطية في المنطقة بدل الأحزاب السلطوية الفاقدة للشعبية والمدعومة من أمريكا.

- إصلاح الأمم المتحدة واعادة الاعتبار إلى مؤسساتها وقراراتها.

وهكذا ففى التحليل الأخير فإن أوباما لم يتراجع عن استخدام القوة العسكرية سواء في العراق أو أفغانستان، فضلا عن أنه لم يخفض ميزانية الدفاع، لكن هذا بذاته لا يجعل منه قوميا أو معتنقا لسياسات القوة؛ فهو ببساطة يريد إنهاء الارتباطات العسكرية للولايات المتحدة إلى جانب تفادي استعراض القوة الأمريكية.. هو لا يستخدم لغة القوة التي استخدمها كنيدي ضد خروشوف، و لا أطلق سباقا للتسلح مثل رونالد ريجان، و لا وضع إستراتيجية للأمن القومي مثل جورج بوش الابن الذي أراد تكريس الهيمنة الأمريكية باستخدام الحرب الوقائية. وفي المقابل يحاول أوباما إعادة بناء العلاقات مع ألد الخصوم مثل إيران أو كوبا أو فنزويلا باستخدام لغة تسكين إن لم تكن اعتذار من أجل استعادة القوة الناعمة الأمريكيةSoft Power . إلا أن القوة الناعمة لا يمكنها حل المشاكل الصعبة وحدها، لذا تتحدث الإدارة الأمريكية الحالية عن مفهوم "القوة الذكية "Smart Power التي تجمع كل مصادر القوة في السياقات المختلفة. و لا يمكن إنكار أن القوة الناعمة تخلق مناخا مواتيا للتحرك السياسي، وليس أدل على ذلك من تقارير الدبلوماسيين التي تؤكد أن نجاح أوباما في التوسط لاتفاقيات في إطار الناتو ومجموعة الـ20 قد اعتمد إلى حد كبير على شعبيته. كما قامت إدارة أوباما بمجموعة من الأفعال المهمة، ولعل أولها وأهمها معالجة الأزمة الاقتصادية، وهو ما تطلب رزمة من المحفزات الاقتصادية في الداخل والتنسيق على المستوى الدولي، حيث عمل أوباما مع الدول الأخرى والمؤسسات لتنسيق عمليات الحفز المالي وإجراءات الإنقاذ المالي وتحديد الخطوات الحمائية، واستغل أوباما الأزمة الاقتصادية لتحقيق ما سعى إليه كثيرون اسنوات، وهو تحويل مجموعة الثماني إلى إطار مؤسسي أوسع هو

مجموعة العشرين التي تتضمن الاقتصادات الصاعدة؛ ومن ثم يمكن القول إن تركيز أوباما على الأزمة الاقتصادية لم يكن فقط خيارا صحيحا بل وترتبت عليه كذلك نتائج هامة.

من ناحية أخرى تمثل ثاني إنجازات أوباما في معالجة العلاقات مع الصين والتي تعد أحد أهم تحديات السياسة الخارجية في القرن الحادي والعشرين. هنا بنى أوباما على إنجازات بوش موسعا من نطاق اللقاءات الاقتصادية لخلق حوار إستراتيجي حول قضايا التغير المناخي وغيرها من القضايا متعددة الأطراف. وفي نفس الوقت، حافظ أوباما على التحالف القوي مع اليابان وأستراليا وعلى علاقات جيدة مع الهند على نحو يحدد ملامح ميزان القوى الذي تتصاعد في إطاره قوة الصين.

أما ثالث أهم إنجازات أوباما فيتمثل في تأكيد الالتزام الأمريكي طويل المدى بتحقيق عالم خال من الأسلحة النووية، وبذل جهدا لوضع قضية عدم انتشار الأسلحة النووية على جدول أعمال كل من الأمم المتحدة ومجموعة العشرين، كما قام أوباما بمجموعة من التحركات الذكية أفضت إلى الكشف عن قيام إيران بتخصيب اليورانيوم سرا في قم، فضلا عن أن تحسين العلاقات مع روسيا، قد ساعد في جلب إيران إلى طاولة المفاوضات (بغض النظر عما سيفضي إليه ذلك من نتائج). ويمكن قول الأمر ذاته عن أن تحسين العلاقات مع الصين سيساعد على تأطير كوريا الشمالية بالمفاوضات مع اللجنة السداسية التي صممت أساسا لاحتواء تهديد بيونج يانج.

وعلى الرغم مما يراه البعض من أن هذه الإنجازات جاءت على حساب

التخلي عن الوضوح الأخلاقي بشأن قضايا حقوق الإنسان، ومع الاعتراف بأنه لا تزال هناك بعض القضايا التي تحتاج إلى حلول من إدارة أوباما مثل أفغانستان والعراق والشرق الأوسط، إلا أن الوقت أمامه لا يزال طويلا. ومفتاح وفرص نجاح السياسة الخارجية في ادارة اوباما في التحديات الخمس الرئيسية التي تواجه الإدارة الحالية (كوريا الشمالية، وإيران، وعملية السلام في الشرق الأوسط، وأفغانستان، والعراق) يعتمد تماماً على إنجازاته التى سيتمكن من انجازها محلياً كالرعاية الصحية والإصلاح المالي والحالة العامة للاقتصاد. وفي كل ذلك أكد على هدف السياسة الخارجية الأمريكية الأول وهو تجديد القيادة الأميركية للعالم.

وعلى الصعيد الداخلي اعتبر العديد أن نتائج انتخابات التجديد النصفي، التى عقدت في نوفمبر 2010 وكانت لصالح الجمهوريين على حساب الديمقراطيين، تعد بمثابة عقاب للرئيس اوباما ودلالة على أن الرأى العام الأمريكي الداخلي لا يجد التغيير الذى سعى اليه بانتخابه أول رئيس امريكي من اصول افريقية. ويرجح المحللون أن يؤدي ذلك بالرئيس اوباما الى الانسحاب من السياسة الخارجية الى السياسة الداخلية ليحقق ما يصبو اليه من نجاح يحقق طموح الوصول الى فترة رئاسة ثانية.

مقدمة

(الآمال التى عُقدت على ادارة الرئيس اوباما)

اتسمت السياسة الخارجية الأميركية، تحت إدارة الرئيس السابق جورج دبليو بوش، بالنزعة إلى الحروب وإلى استخدام القوة العسكرية الأميركية لفرض نظام دولي جديد تتثبّت فيه الهيمنة الأميركية على العالم وعلى مواقع الثروات فيه. فخاضت إدارة بوش الابن حروباً مباشرة في أفغانستان والعراق، ودعمت هذه الإدارة حربيْ إسرائيل في الأراضي الفلسطينية وفي لبنان. ولم يكن صحيحاً ما زعمته إدارة بوش بأنَّ سياستها وحروبها كانت كلها تحت مبرّر "الحرب على الإرهاب" وبذريعة حماية أميركا والردّ على ما حدث في 11 سبتمبر 2001 من أعمال إرهابية. فنائب الرئيس الأميركي السابق تشيني زار المنطقة العربية في مطلع العام 2001، فور بدء إدارة بوش، من أجل إقناع بعض الحكومات بدعم الخطّة الأميركية آنذاك لإحداث تغيير شامل في العراق عن طريق القوّة العسكرية. وقد حصلت جولة تشيني في وقتٍ كانت فيه حكومة شارون تمارس الحرب الإسرائيلية المفتوحة على المدن والقرى الفلسطينية، في ظلّ دعمٍ أميركيٍّ كبير لحكومة شارون وأساليبها العدوانية على الشعب الفلسطيني. وهو ما يؤكد أن أحداث سبتمبر 2001 أعطت العذر والتبرير فقط لما كان قائماً من أجندة خاصّة للمحافظين الجدد في إدارة بوش وللتيار الإسرائيلي الفاعل فيها، ولم تكن هذه الأحداث هي التي صنعت أجندة الحروب الأميركية المعاصرة. كما أن جماعة "القاعدة"، التي أعلنت مسؤوليتها عن هذه الأحداث، لم تربط بأيّة علاقة مع النظام السابق في العراق أو مع قوى

المقاومة الفلسطينية أو اللبنانية، وليس لها بالتأكيد علاقة مع حكومتي طهران ودمشق اللتين خضعتا وتخضعان لضغوط أميركية. وهكذا كانت نتائج أعمال إدارة بوش الابن الضرر الكامل للمصالح الأميركية وللعلاقات الأميركية/العربية تحديداً، وكذلك مع سائر شعوب العالم الإسلامي. بل إنّ سياسة الإدارة الأميركية السابقة أدّت إلى تقوية خصومها بدلاً من إضعافهم، وأعطت هذه السياسة زخماً للتطرّف الديني والسياسي، كما أنّها زادت من مشاعر الغضب الشعبي ضدّ الحكومة الأميركية في شتّى أنحاء العالم.[1]

وفي وسط هذا المناخ المشحون كانت التوقّعات من الإدارة الديمقراطية الجديدة التي يرأسها باراك أوباما كبيرة. توقّعات بتغييرات أساسيّة في السياسة الخارجية الأميركية عموماً وفي منطقة الشرق الأوسط خصوصاً. لكن ما حصل من تغيير حتى الآن هو في الشعارات وفي الخطوط العامة المعلَنة للسياسة الخارجية الأميركية، وليس في جوهرها، أو حتّى في أساليبها المعهودة. صحيح أنّ إدارة أوباما لم تبدأ الحروب والأزمات المتورطة فيها الولايات المتحدة حالياً، وصحيح أيضاً أنّ هذه الإدارة لم تبدأ أي حروب أو أزمات دولية جديدة، لكنّها لم تقم بعد بتحوّلات هامّة في مجرى الحروب والأزمات القائمة. وما يمكن التوقّف فقط عنده هو التحوّل تجاه روسيا، والتوافق الذي جرى معها على مسائل دولية وأمنية عديدة كان مدخلها إلغاء واشنطن لمشروع الدرع الصاروخي في أوروبا الشرقية.

(1) صبحي غندور، متى المراجعة الفعلية في السياسة الخارجية الأميركية؟، مركز دمشق للدراسات النظرية والحقوق المدنية، 23-06-2010

الفصل الأول
محددات السياسة الخارجية الأمريكية

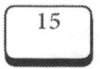

الفصل الأول
محددات السياسة الخارجية الأمريكية
المبحث الأول: التطور التاريخي للسياسة الخارجية الأمريكية

نشأت السياسة الخارجية الأمريكية وارتقت عبر السنوات والحقب المتواترة حتى أخذت شكلها الحالي، ويمكن استعراض تطور السياسة الخارجية الأمريكية على النحو الآتي:

المرحلة الأولى (1776 - 1898): شهدت هذه المرحلة البدايات المبكرة الأولى للسياسة الخارجية الأمريكية، ويحدد الخبراء نطاق هذه المرحلة بأنه يشمل الفترة الممتدة من بدء الحرب الأمريكية – البريطانية حتى نهاية الحرب الأمريكية – الإسبانية. وخضعت خلالها أمريكا لفترة طويلة من الحكم الاستعماري البريطاني وشن الثوار الأمريكيون حرب الاستقلال ضد بريطانيا، وبسبب التنافس الاستعماري بين القوى الأوروبية الكبرى وجدت الإمبراطورية الفرنسية وإسبانيا وهولندا فرصة ملائمة وسانحة لإضعاف قوة الإمبراطورية البريطانية عن طريق دعم الثوار الأمريكيين. أدى دعم الفرنسيين والأسبان والهولنديين للثوار الأمريكيين إلى بناء الروابط معهم، وعند نجاح الثوار في هزيمة بريطانيا ونيل الاستقلال توطدت علاقات الأمريكيين مع الفرنسيين والأسبان والهولنديين ولم يكتف الأمريكيون بذلك بل سعوا إلى إعادة بناء العلاقات مع بريطانيا نفسها ضمن ما عرف بـ«سياسة غصن الزيتون».

المرحلة الثانية (1893 - 1914): خلال هذه المرحلة برز استخدام "التآمر" كوسيلة وأداة لتنفيذ أهداف السياسة الخارجية الأمريكية، ففي 1893

دبّر الدبلوماسيون والعسكريون الأمريكيون بالاتفاق مع مجموعة صغيرة من مواطني جزيرة هاواي مؤامرة تهدف إلى الإطاحة بالحكومة الدستورية القائمة في مملكة هاواي بما يمهد لإلحاق هاواي بنطاق السيطرة الأمريكية. وهو ما حدث بالفعل عندما تمت الإطاحة بحكومة هاواي وتم تقديم معاهدة ضم هاواي إلى مجلس الشيوخ الأمريكي في 15 شباط 1893، وحتى الآن ما تزال هاواي إحدى الولايات الأمريكية.

المرحلة الثالثة (الحرب العالمية الأولى 1914 - 1918): عندما اندلعت الحرب العالمية الأولى لم تهتم الولايات المتحدة الأمريكية بأن تكون طرفاً فيها بسبب عدم رغبتها التورط في النزاعات الأوروبية واكتفت بتقديم القروض لدول الحلفاء، ورغم ذلك فقد بادرت ألمانيا إلى تنفيذ بعض العمليات العسكرية ضد الملاحة الأمريكية مما أدى إلى إلحاق الأضرار بشركة التجارة الأمريكية، وعلى هذه الخلفية اضطرت أمريكا دخول الحرب إلى جانب الحلفاء.

وعندما انعقد مؤتمر فرساي للسلام سعت الولايات المتحدة إلى توظيف نتائج الحرب لتحويل نمط العلاقات الدولية نحو نموذج يقوم على المعطيات المثالية بدلاً من الواقعية، عن طريق الضغط باتجاه اعتماد المبادئ الأربعة عشر ـ التي طرحها الرئيس الأمريكي ودرو ويلسون في مجرى الحرب والقائمة على تبادل المنافع الجيوبوليتيكة، وكان من أبرز نتائجها اتفاقية سايكس - بيكو التي أكدت تقاسم النفوذ الفرنسي - البريطاني لمنطقة الشرق الأوسط.

المرحلة الرابعة (الحرب العالمية الثانية 1941 - 1945): عندما

بدأت الحرب العالمية الثانية كان أداء الولايات المتحدة السلوكي الدولي متماثلاً مع أدائها السابق إزاء بدايات الحرب العالمية الأولى، فقد سعت الولايات المتحدة فقط إلى تقديم القروض والمساعدات للحلفاء، إضافة إلى اندلاع الحرب وتزايد الطلب على الإنتاج الصناعي العسكري، مما دفع أمريكا إلى استغلال الفرصة للخروج من حالة الركود الاقتصادي، وبالفعل انتعشت الصناعات العسكرية والحربية الأمريكية بحيث شهد إنتاجها رواجاً منقطع النظير بواسطة الحلفاء الأوروبيين. وسعت اليابان إلى استهداف أمريكا عن طريق الهجوم العسكري الياباني ضد بيرل هاربور وأعلنت ألمانيا النازية وإيطاليا الفاشية الحرب على أمريكا الأمر الذي دفع أمريكا إلى دخول الحرب إلى جانب الحلفاء في عام 1941.

المرحلة الخامسة (الحرب الباردة 1945 - 1991): بعد انتهاء الحرب العالمية الثانية وجدت الولايات المتحدة نفسها في مواجهة صعود الاتحاد السوفيتي كقوة عظمى عالمية ثانية وعلى أساس اعتبارات خصوصية المرحلة أكدت واشنطن على الآتي:

- اعتماد مبدأ سياسة الاحتواء كمذهبية أساسية في مواجهة تمدد الخطر الشيوعي.

- الانتشار المكثف في سائر أنحاء العالم.

- بناء سلسلة من التحالفات الإقليمية والدولية المعادية للشيوعية.

- دعم حلفاء أمريكا في سائر المسارح الإقليمية.

وعلى خلفية مذهبية الاحتواء تطورت معطيات الأحداث والوقائع الدولية باتجاه الآتي:

- عدم اندلاع حرب عالمية، وبدلاً عن ذلك تزايد الحـروب الإقليميـة كالصراع العربي.

- الإسرائـيلي وحـروب جنـوب شرق آسـيا والحـرب الأفغانيـة – السوفيتية.

- تزايد التدخلات الأمريكية في النزاعات الإقليمية.

- تزايد ظاهرة حروب الوكالة.

<u>هذا، وكان من أبرز إنجازات السياسة الخارجية الأمريكية انتشار</u> <u>القوة البحرية الأمريكية وأساطيلها العسكرية إضافة إلى نشر القواعد</u> <u>وقيام حلف الناتو.</u>

المرحلة السادسة (ما بعد الحرب الباردة 1992 وحتـى الآن): بـدأت هذه المرحلة بانهيار الاتحاد السوفيتي واندلاع حرب الخليج التي قادت فيها الولايات المتحدة التحالف الدولي الذي أخرج القوات العراقية مـن الكويت.

وعلى خلفية انهيار الاتحاد السوفيتي وحرب الخليج المشـار إليها بـرزت آراء المفكـرين والخـبراء الأمـريكيين المطالبـة بضـرورة تطـوير السياسة الخارجية الأمريكية بما ينسجم مع الأوضاع الجديدة وكان مـن أبرز المطالبين بـذلك الخبير الاستراتيجي الأمريكـي زبينغـو بريجنسـكي الذي أكد صراحة بأن افتقار السياسة الخارجيـة الأمريكيـة للاستراتيجية الجديدة أدى إلى ضياع وإهدار العديد من الفرص الممكنة الاستغلال.

سعت الولايات المتحدة الأمريكية بعد ذلك إلى التقليل من الاهتمام بأجندة السياسة الخارجيـة وركزت بقدر أكـبر عـلى تحقيـق الازدهـار الاقتصادي والاستثناء الوحيد تمثل في قيامها بإدارة الأزمة اليوغوسلافية والتي وصلت إلى حد استعمال القوة العسكرية.

عادت أجندة السياسة الخارجية الأمريكية إلى مقدمة الأولويات وهذه المرة بقوة، بسبب أحداث الحادي عشر من سبتمبر 2001 التي دفعتها إلى إعلان حرب مفتوحة ضد الإرهاب وأعقب ذلك قيام الولايات المتحدة بشن سلسلة من الحروب والتدخلات العسكرية ومن أبرزها غزو أفغانستان والعراق إضافة إلى تشديد استخدام العقوبات والضغوط السياسية والاقتصادية ضد خصومها في المسرح الدولي.

باستعراض المراحل الستة الخاصة بتطور السياسة الخارجية الأمريكية نلاحظ أنها كانت على الرغم من تعدد الوسائل تركز على غاية واحدة تتمثل في المضي قدماً في صعود قوة أمريكا وفرض سيطرتها على النظام الدولي وهي حقيقة تشير إليها وتؤكدها تحركات السياسة الخارجية الأمريكية منذ لحظة حرب الاستقلال الأمريكية وحتى الآن.

وحاليا تمتلك الولايات المتحدة أكبر شبكة دبلوماسية في العالم وتوجد سفارات وقنصليات أمريكية في كافة دول العالم ماعدا: بوتان وكوبا وإيران وكوريا الشمالية وتايوان والجمهورية العربية الصحراوية والصحراء الغربية وأوسيتيا الجنوبية وأبخازيا. بالإضافة لذلك، تتمتع بحضور دبلوماسي قوي في كل المنظمات الدولية والإقليمية وعلى وجه الخصوص في الأمم المتحدة ومنظماتها والاتحاد الأوروبي وما شابه ذلك.

المبحث الثاني: صنع السياسة الخارجية الأمريكية

يرتبط صنع السياسة الخارجية الأمريكية[1] بقدر كبير بطريقة وأسلوب ترتيب كل طرف ضمن هرمية الدولة الأمريكية وتقاسم الأدوار والوظائف بين الأطراف والجهات الناشطة في مجال صنع السياسة الخارجية الأمريكية.

وتشارك كل أجهزة وكيانات الدولة الأمريكية - بطريقة أو بأخرى - في عملية صنع السياسة الخارجية، وإذا كان نطاق المشاركة يشمل السلطات التنفيذية والتشريعية والقضائية، فإن طبيعة النظام السياسي الأمريكي تجعل من نطاق الإسهام والمشاركة في صنع السياسة الخارجية أكثر اتساعاً بحيث يشمل مراكز الدراسات وأجهزة الإعلام والصحافة ومراكز بحوث واستطلاعات الرأي العام ومنظمات المجتمع المدني الأمريكية.

وبشكل عام يتمثل القوام المؤسسي- لعملية صنع قرار السياسة الخارجية الأمريكية في مثلث السلطة التنفيذية (الإدارة الأمريكية) – السلطة التشريعية (الكونجرس الأمريكي) – وبدرجة أقل السلطة القضائية (المحكمة العليا الأمريكية)، ويتضمن هيكل القوام المؤسسي- الخاص بعملية صنع قرار السياسة الخارجية الأمريكية خصائص وسمات يتمثل أبرزها في الآتي:

أسلوب ترتيب العلاقات بين الأجهزة المعنية بالسياسة الخارجية الأمريكية.

---

(1) تيسير قاسم، آليات صناعة السياسة الخارجية الأمريكية، لسنة الثامنة ـ العدد الثاني والتسعون ـ شعبان ـ رمضان ـ 1430 هـ ـ (آب) (أغسطس2009)،
http://www.wahdaislamyia.org/issues/92/tkassem.htm

- الوزن النسبي الخاص بكل جهاز مقارنة بالأوزان النسبية الخاصة ببقية الأجهزة المعنية بالسياسة الخارجية.

- المعاملات والتفاعلات بين الأجهزة المعنية بالسياسة الخارجية الأمريكية.

فيما يلي أدوار الأطراف والجهات المعنية أكثر من غيرها بصنع السياسة الأمريكية:

أ - الأجهزة التنفيذية (الإدارة الأمريكية):

ولها الدور الأكبر في صنع السياسة الخارجية، وتشمل مجلس الأمن القومي، وزارة الخارجية، وزارة الدفاع، وزارة الخزانة، وزارة التجارة، مجتمع المخابرات (اللجنة التي تشرف على أجهزة المخابرات الأمريكية). والسبب في استحواذ الإدارة الأمريكية للدور الأكبر يعود إلى:

- امتلاك أجهزة الإدارة الأمريكية للمعلومات الميدانية الجارية في الساحة الدولية والإقليمية.

- تميز أجهزة الإدارة الأمريكية بالوحدة التنظيمية.

- الدور المركزي المتزايد لتحركات الإدارة الأمريكية في المجال الخارجي.

على أساس هذه الاعتبارات تتفاوت أدوار أجهزة السلطة التنفيذية وحجم إسهامها في صنع قرار السياسة الخارجية بحيث تقوم وزارة الخارجية بالمشاركة في رسم وتنفيذ والإشراف على العلاقات الخارجية عن طريق البعثات الدبلوماسية والسفارات والقنصليات وتقوم وزارة الدفاع بالمشاركة في رسم وتنفيذ والإشراف على السياسة الخارجية المتعلقة بالأبعاد الدفاعية

والأمنية وتقوم أجهزة المخابرات بجمع المعلومات وإعداد التخمينات التي تساعد في رسم السياسة الخارجية أما مجلس الأمن القومي فيقوم بعملية التوجيه الاستراتيجي للسياسة الخارجية الأمريكية.

إلا أن السلطة التنفيذية تلعب الدور الحاسم في اتخاذ القرار وتمر عملية اتخاذ القرار فيها عبر المراحل التالية:

- المرحلة الأولى: جمع مدخلات القرار ومن أبرزها المعلومات.
- المرحلة الثانية: فحص وتدقيق مدخلات القرار للتأكد من صحة ومصداقية المدخلات.
- المرحلة الثالثة: المفاضلة بين القرارات المتاحة باعتبارها تمثل البدائل الممكنة وتنطوي عملية المفاضلة على تخمين ردود الأفعال المتوقعة بعد صدور القرار.
- المرحلة الرابعة: اختيار القرار النهائي باعتباره الأفضل بين البدائل.
- المرحلة الخامسة: صياغة القرار بشكله النهائي وفحص مدى توافقه وانسجامه مع الدستور والقوانين والتشريعات.
- المرحلة السادسة: اتخاذ القرار ووضعه موضع التنفيذ.

نلاحظ أنه على الرغم من التزام الإدارة الأمريكية بهذه المراحل المعقدة التي يشترك فيها عدد كبير من الأجهزة فإن فعاليات اتخاذ القرار في السياسة الخارجية قد أسهمت في العديد من الحالات في إنتاج العديد من القرارات الخاطئة التي كان السبب من ورائها إما المعلومات المضللة أو التحيز الإدراكي – النفسي.

ب - الأجهزة التشريعية:

مجلس الشيوخ (وتحديداً لجنة العلاقات الخارجية، واللجان المعنية بشؤون الأمن والدفاع والطاقة والاقتصاد)، مجلس النواب الأمريكي (وتحديداً لجنة العلاقات الخارجية، واللجان المعنية بشؤون الأمن والدفاع والطاقة والاقتصاد).

يتمتع الكونجرس الأمريكي بدور مستقل في عملية صنع قرار السياسة الخارجة الأمريكية ومن أبرز الأدوار التي يقوم بها:

- التصديق على المعاهدات والاتفاقيات.
- التصديق على الذين ترشحهم الإدارة الأمريكية لتولي المناصب الدبلوماسية.
- التصديق على تنظيم التجارة الخارجية.
- التصديق على الميزانيات المخصصة لتمويل الأنشطة الخارجية.
- التصديق على إرسال القوات الأمريكية للمناطق الخارجية.
- إعلان الحرب.
- فرض العقوبات ضد الأطراف الخارجية.

وهكذا فعلى الرغم من أن القيام بأعباء السياسة الخارجية هو من مهام الإدارة الأمريكية باعتبارها المعنية بالسلطة التنفيذية، فإن هامش حرية الحركة المتاح للإدارة الأمريكية في مجال السياسة الخارجية يرتبط بالمحددات القانونية والتشريعية التي يتم التأكيد عليها بواسطة الكونجرس الأمريكي. فالمعاملات الإدارة الأمريكية في النظام الدولي تخضع بشكل أساس للقوانين والتشريعات الصادرة بواسطة الكونجرس وفي هذا

الخصوص نشير إلى الآتي:

- يمنح الدستور الأمريكي للرئيس حق الدخول في المعاهدات مع الأطراف الخارجية ولكن بشرط المشاورة والحصول على تأييد ثلثي أعضاء مجلس الشيوخ الأمريكي، والحصول على الأغلبية البسيطة (1+%50) في كل من مجلسي الشيوخ والكونجرس.
- توجد بعض الحالات التي يمكن للرئيس أن يدخل بموجبها في المعاهدات والاتفاقات مع الأطراف الخارجية ولكن بشرط أن يتوافر له السند التشريعي - التنفيذي الكافي للقيام بذلك كأن يكون هناك قانون أو تشريع سابق أصدره الكونجرس الأمريكي يتضمن بشكل مباشر أو غير مباشر تخويلاً للرئيس بالتصرف دون الرجوع للكونغرس.
- على الرغم من سعي منظمات المجتمع الدولي باتجاه إلزام دول العالم بجعل تشريعاتها وقوانينها أكثر انسجاماً مع مبادئ القوانين الدولية فإن الولايات المتحدة أصبحت أكثر اهتماماً بالاستقلالية التشريعية ولم يتوقف الأمر عند ذلك بل تسعى الولايات المتحدة حالياً إلى إلزام الأطراف الدولية المختلفة للإذعان إلى القوانين والتشريعات الأمريكية، ونجحت الولايات المتحدة في الحصول على وضعاً استثنائياً في تطبيق القوانين الدولية وتتمثل هذه الاستثنائية بوضوح من خلال رفض الولايات المتحدة التوقيع على الكثير من المعاهدات والاتفاقيات الدولية في الوقت نفسه الذي تطالب فيه الأطراف الدولية الأخرى بالتوقيع عليها والخضوع لها، كما أنها تمكنت -من خلال

اتفاقيات ثنائية أو متعددة - في إدراج الاستثنائية الأمريكية صراحة ضمن القوانين والمواثيق الدولية السارية حالياً.

وقد نشأت الكثير من الخلافات بين الكونجرس والإدارة الأمريكية، وسبب هذه الخلافات كان يرجع بشكل أساسي إلى تضارب التوجهات وعندما يكون نفوذ الجمهوريون كبيراً ويكون الديمقراطيون هم المسيطرين على الإدارة الأمريكية فإن الخلافات بين الكونجرس والإدارة تتزايد حول توجهات السياسة الخارجية والعكس صحيح، ومن أبرز الأمثلة على ذلك حملات الديمقراطيين المستمرة في الكونجرس لعرقلة جهود إدارة بوش إزاء حرب العراق.

ج - الأجهزة القضائية (المحكمة العليا الأمريكية):

وعلى الرغم أهميتها لضبط الأداء السلوكي بما يتوافق وينسجم مع الدستور والقوانين فإن دورها في صناعة السياسة الخارجية يعتبر ثانوياً مقارنة بأداء الأجهزة التنفيذية والتشريعية.

وتلعب المحكمة العليا الأمريكية دوراً في عملية صنع قرار السياسة الخارجية ولكن يختلف هذا الدور مقارنة بدور السلطة التنفيذية والتشريعية، فدورها يتميز بأنه غير مباشر ويمكن الإشارة إلى ذلك من خلال:

- تملك المحكمة العليا الأمريكية سلطة إبطال المعاهدات والاتفاقيات الخارجية إذا كانت تتناقض مع الدستور الأمريكي والقوانين الأمريكية.

- تملك المحكمة العليا الأمريكية سلطة تفسير النصوص الدستورية والقانونية والقضائية المتعلقة بالسياسة الخارجية.

- توجد حالياً الكثير من الأحكام والأمثلة على قيام المحكمة العليا الأمريكية بالتدخل وإصدار القوانين التي أبطلت العديد من التوجهات في السياسة الخارجية الأمريكية.

د - مراكز الدراسات الأمريكية

برز دور مراكز الدراسات خلال الحقبة الماضية في التأثير على عملية صنع القرار في السياسة الخارجية الأمريكية ومن الصعب تحديد مركز بعينه لأن تأثير هذه المراكز يتغير بتغير الإدارة الأمريكية.

وظلت مراكز الدراسات تلعب دوراً بارزاً في القيام بالإسهام في عملية صنع قرار السياسية الخارجية الأمريكية ويمكن الإشارة إلى ذلك على النحو الآتي:

- الكثير من عمليات صنع قرار السياسة الخارجية الأمريكية بدأت محفزاتها الأولى في مراكز الدراسات من خلال البحوث والتحليلات والتقارير والندوات والسمنارات وورش العمل التي يقدم فيها الخبراء آراءهم وأفكارهم حول السياسة الخارجية بما يطرح أفكاراً سرعان ما يتم التقاطها بواسطة الأجهزة الرسمية ويتم تحويلها إلى برامج عمل.

- الكثير من توجهات السياسة الخارجية الأمريكية تم كشف أغلاطها وعوامل ضعفها بواسطة مراكز الدراسات الأمريكية بما أدى إلى التعرف على أسباب الفشل ومن ثم القيام بصنع قرارات تتصدى للفشل والإخفاق.

هـ - اللوبيات وجماعات المصالح

تمثل مجموعة كبيرة من الجماعات والمنظمات والجمعيات التي تعمل

جميعها كجماعات ضغط لجهة التأثير على صنع السياسة الخارجية وعلى أساس الاعتبارات النوعية يمكن الإشارة إلى بعض أنواع هذه اللوبيات وجماعات المصالح على النحو الآتي:

- اللوبي الإسرائيلي: ويعتبر من الأكثر اهتماماً بتوجيه صنع السياسة الخارجية الأمريكية باتجاه دعم مصالح وأمن إسرائيل وتتكون شبكة اللوبي الإسرائيلي من أكثر من 500 منظمة وجمعية وتجد هذه المنظمات مساندة اليهود الأمريكيين وأنصار المسيحية الصهيونية. (1)

---

(1) أهم اللوبيات الاسرائيلية هي الايباك، أسس منظمة "إيباك" سي كينين عام 1951، وكان أسم المنظمة في مرحلة التأسيس لجنة العلاقات الأمريكية-الصهيونية. ولم يجد مؤيدي الكيان الإسرائيلي في تلك الفترة تعاون من وزارة الخارجية الأمريكية لتقديم المعونات للـ "دولة" الجديدة فكان من اللازم اقناع أعضاء الكونجرس الأمريكي بدعم الكيان الإسرائيلي من خلال المساعدات الخارجية التي تقدم بموافقة أعضاء الهيئة التشريعية .وشهد عام 1967 ارتفاعا حادا في نشاط "إيباك" حيث استطاعت المؤسسة جذب انتباه المجتمع السياسي الأمريكي لنجاح ما يسمى "الدولة الإسرائيلية" في هزيمة الجيوش العربية، وبالفعل استجاب أعضاء الساحة السياسية ونضجت العلاقات الأمريكية - الإسرائيلية بشكل كبير خلال هذه الفترة .ونجحت "إيباك" والمنظمات المماثلة في إقناع السياسيين الأمريكيين بأن "إسرائيل" خير حليف للولايات المتحدة بالمنطقة نظرا لقوتها العسكرية ولممارستها سياسة ديمقراطية عكس معظم الأنظمة الأخرى بالمنطقة. وكانت فترة رئاسة ريجان عهد التطور الذهبي لـ "إيباك"، حيث ارتفع عدد أعضائها من 8،000 إلى 50،000 عضو بين 1981 و1993. وازدادت الميزانية السنوية للمنظمة من مليون دولار إلى 15 مليون دولار في نفس الفترة. ولعبت دورا كبيرا في الثمانينات في أقناع أعضاء الكونجرس بالموافقة على مساعدة سنوية للكيان الإسرائيلي قيمتها 3 مليار =

- اللوبيات الأخرى: ومن أبرزها اللوبي الإيطالي واليوناني والأرمني والصيني والياباني وما شابهها، وجميعها تتمتع بمساندة المواطنين الأمريكيين الذين ترجع أصولهم إلى هذه البلدان وتعمل هذه اللوبيات للتأثير على صنع السياسة الخارجية الأمريكية بما يعزز مصالح بلدانها.
- المجمع الصناعي العسكري: ويتكون من مجموعة من الشركات الصناعية الناشطة في مجالات التصنيع العسكري ويمارس هذا المجمع كل أساليب الضغط للتأثير على صنع السياسة الخارجية الأمريكية بحيث تركز على نشوب الحروب وتفجير الصراعات بما يعزز قدرة المجمع على تصريف إنتاجه.
- مجمع الشركات النفطية: ويتكون من مجموعة من كبريات الشركات النفطية الأمريكية مثل: شيفرون، إكسون موبيل، تكساس أوبل، وغيرها والتي تسعى للتأثير على صنع السياسة الخارجية الأمريكية ذات التوجهات التي تعطي الأولوية لمصالح أمريكا النفطية. مجمع الشركات المالية: ويتكون من الشركات المالية الأمريكية وعلى

= دولار. وتضم حوالي مائة ألف عضو بأنحاء الولايات المتحدة. وتصرح المنظمة من خلال موقعها الالكتروني بأن مقابلات "إيباك" مع أعضاء الكونجرس الأمريكي تصل إلى ألفي مقابلة في السنة الواحدة وتنتج عنها عادة مائة تشريع محاب للكيان الإسرائيلي على حد تعبير الموقع. ووفقا لـ"إيباك" فأهدافها الحالية تتركز على النقاط التالية: -منع إيران من الاستحواذ على الأسلحة النووية - .دعم "إسرائيل" وتأمينها -.الدفاع عن "إسرائيل" من أخطار الغد - .تحضير جيل جديد من القيادات الداعمة لـ"إسرائيل -."توعية الكونجرس عن العلاقات الأمريكية-الإسرائيلية

وجه الخصوص المصارف الكبرى وشركات التأمين وإعادة التأمين ويسعى هذا المجمع للتأثير على صنع السياسة الخارجية الأمريكية ذات التوجهات التي تعطي الأولوية للمصالح الأمريكية المالية والنقدية. تعمل هذه الكيانات والأطراف ضمن منظومة موحدة تتصارع فيها المصالح وفي كثير من الأحيان تتحالف مع بعض الأطراف بحيث تتوصل إلى برنامج الحد الأدنى الذي يمكن أن تدفع السياسة الأمريكية باتجاهه.

المبحث الثالث: التوجهات العامة للسياسة الخارجية الأمريكية:

تعتبر السياسة الخارجية الأمريكية من بين المواضيع الأكثر إثارة للجدل والاهتمام في العالم المعاصر، ويعود السبب في ذلك إلى العديد من العوامل التي يأتي في مقدمتها استمرار الولايات المتحدة الأمريكية كقوة عظمى بعد انهيار الاتحاد السوفيتي الذي كان الموازن الوحيد لنفوذ الولايات المتحدة الأمريكية في النظام الدولي.

وتحدد السياسة الخارجية لأي كيان دولي توجهات علاقاته مع الكيانات الدولية الأخرى، وبالتالي فإن الأداء السلوكي للسياسة الخارجية لابد أن يتضمن بالضرورة مجموعة من الوسائل والأهداف والغايات التي تلعب دوراً حاسماً في تحديد الكيفية التي يتم التعامل وفقاً لها مع الأطراف الخارجية. وتضع الهيئات والمؤسسات والكيانات الأمريكية الرسمية معطيات السياسة الخارجية الأمريكية ثم يتم اعتمادها وانتهاجها بواسطة الجهات الرسمية الأمريكية. وتترجم برامج السياسة الخارجية الأمريكية إلى الأداء السلوكي الدولي الخارجي ضمن مستوى معلن وآخر غير معلن، وكلاهما قابل للملاحظة والاستنباط. وتركّز عملية صنع قرار السياسة الخارجية الأمريكية على المفاضلة بين البدائل من أجل التوصل إلى الخيار الأفضل والذي يتخذ في نهاية الأمر شكل القرار الرسمي النهائي.

وتتميز السياسة الخارجية الأمريكية بالنزعة البراجماتية بسبب سعي هذه السياسة الدائم من أجل تحقيق الأهداف المادية والرمزية المعنوية المعلنة وغير المعلنة، وبالتالي فمجالها واسع النطاق يشمل كامل مكونات النظام الدولي. وقد سعت السياسة الخارجية الأسريكية إلى عدم إبقاء مفهوم الهيمنة

الأمريكية على العالم ضمن الإطار الجامد الساكن، فقد عمدت الولايات المتحدة إلى استخدام برامج وجداول أعمال السياسة الخارجية المتميزة بأجندتها الرامية إلى جعل الهيمنة الأمريكية مشروعاً حركياً ساخناً متكاملاً مفروضاً على النظام الدولي على أساس اعتبارات الأمر الواقع. واعتمد أسلوب السياسة الخارجية الأمريكية في مرحلة ما بعد الحرب الباردة على استخدام الوسائل التدخلية في التعامل مع النظام الدولي وطوال الفترة التي أعقبت الحرب الباردة ظلت السياسة الخارجية الأمريكية تركز على استخدام نوعين من الوسائل هما:

أ) الوسائل التدخلية العسكرية ـ الأمنية: وهو ما تميزت باستخدامه الإدارات الأمريكية التي يسيطر عليها الجمهوريون، ومن أمثلة ذلك قيام إدارة الرئيس بوش الأب بشن حرب الخليج التي أخرجت القوات العراقية من الكويت، ولاحقاً قامت إدارة الرئيس بوش الابن بشن حروب غزو واحتلال أفغانستان والعراق، ولم تقتصرـ توجهات الإدارات الجمهورية على استخدام الوسائل التدخلية العسكرية – الأمنية عن طريق شن الحروب، وإنما كذلك عن طريق تعزيز ونشر القواعد العسكرية والأساطيل البحرية.

ب) الوسائل التدخلية الاقتصادية - السياسية: تميزت باستخدامها الإدارات الأمريكية التي يسيطر عليها الديمقراطيون، ومن أمثلة ذلك قيام إدارة الرئيس بيل كلينتون بتشديد العقوبات الاقتصادية والحصار ضد العراق لفترة طويلة إضافة إلى فرض العقوبات ضد ليبيا والسودان، أما حرب يوغوسلافيا التي تم فيها استخدام الوسائل العسكرية فقد كانت بالدرجة الأولى عملية سياسية قبل أن تكون

عسكرية فقد تم شن هذه الحرب تحت غطاء اتفاقية دايتـون وذرائـع حلف الناتو المباشر في حماية الأمن الأوروبي.

وكانت الإدارات الأمريكية وما زالت بمختلف انتماءاتها الجمهوريـة والديمقراطية تركز على انتهاج السياسات الخارجية التي تعتمد الوسائل التدخلية بما يتيح للولايات المتحدة الأمريكية القيام بتنفيذ العديد مـن الأدوار الوظيفية في المسرح الدولي، مثل قيامها بـدور الشرطي العـالمي والوسيط الدولي وصانع السلام العـالمي وقائـد التكامـل الـدولي وصانـع التنمية الدولي، وما شابه ذلك.

ونلاحظ أن استخدام الوسائل التدخلية لا يفرق بـين حلفـاء أمريكا وخصومها والفرق الوحيد يتمثـل في طبيعـة النوعيـة التدخليـة التـي تستخدمها السياسة الخارجية الأمريكيـة وعـلى سـبيل المثـال لا الحصر ـ نشير إلى الأمثلة الآتية:

- التدخل الأمـريكي في بلـدان الحلفـاء يقـوم عـلى أسـاس اعتبـارات استخدام المعونات والمساعدات العسكرية والاقتصادية بمـا يـؤدي إلى وضـع البلـد الحليـف أمـام خيـار المضي ـ قـدماً في الاسـتجابة لمطالب الولايات المتحدة أو مواجهة قطع المعونات والمساعدات.

- التدخل الأمـريكي في البلـدان المعارضـة لأمريكا يقـوم عـلى أسـاس اعتبارات استخدام الردع العسكري ـ الأمني بما يجعل البلد المعـارض أمام خيار التصعيد والدخول في المواجهات الدبلوماسية والسياسـية والأمنية وربما العسكرية مع أمريكا أو خيـار القبـول والموافقـة بمـا يؤدي إلى التهدئة وتكييف أوضاعه بما يلبي متطلبات أمريكا.

- كما أنه بسبب انهيار الاتحاد السوفيتي وتفكك نظام القطبية الثنائية نجحت الولايات المتحدة في تعزيز تحالفاتها العسكرية ـ الأمنية مع العديد من دول العالم الكبرى وحالياً تنخرط الولايات المتحدة ضمن نوعين من التحالفات الأمنية ـ العسكرية:

الحلفاء من داخل حلف شمال الأطلنطي (الناتو): وهو الحلف الذي تم إنشاؤه خلال الفترة التي أعقبت انتهاء الحرب العالمية الثانية وقد تم تكوين هذا الحلف بموجب معاهدة حلف شمال الأطلنطي وقد أتاح هذا الحلف لأمريكا فرض وصايتها وسيطرتها على بلدان غرب أوروبا وتركيا وكندا لفترة طويلة من الزمن.

الحلفاء من غير الأعضاء في الناتو: برغم أن حلفاء أمريكا غير الأعضاء في الناتو كانوا خلال الحرب البادرة قليلين فقد تزايد عددهم خلال فترة ما بعد الحرب الباردة وقد سعت الولايات المتحدة إلى توثيق علاقاتها العسكرية الأمنية مع بعض دول العالم منها: إسرائيل – كوريا الجنوبية – اليابان – باكستان – كولومبيا – أذربيجان – جورجيا، إضافة إلى بعض الدول العربية كالمغرب والسعودية ومصر وجيبوتي، وتسعى الولايات المتحدة إلى تأمين ضم العراق إلى المجموعة بعد اكتمال المخطط الأمريكي الهادف إلى نشرـ سلسلة من القواعد العسكرية الأمريكية فيه.

وظلت السياسة الخارجية الأمريكية المعاصرة تؤكد على تطبيق العديد من البرامج والخطط الهادفة إلى تعزيز النفوذ الأمريكي ومن هذه البرامج نشير إلى برنامج تصدير الديمقراطية عن طريق التدخل وبرنامج نشر القوة العسكرية.

هذا، وعلـى الـرغم مـن الاختلافـات والتباينـات بـين أدوار السياسـة الخارجية الأمريكية فإنها تتميز بخاصية واحدة مشتركة تتمثّل في أن جميـع هـذه الأدوار تصب في مجرى <u>الجهد الرئيسي ـ الموحد مـن أجـل فرض الهيمنة على النظام الدولي كأمر واقع.</u>

ان السياسة الخارجية الأمريكية «لا تصنعها الأمة ككل وإنما تصنعها حكومتها»... والحكومـة الحقيقيـة فى الولايـات المتحـدة الأمريكية هـى تحالف «المجمع الصناعى العسكرى التكنولوجى»: الصانع الأول للقوة والـدافـع نحـو التوسـع المسـتمر والمحـدد لمصـالحها القوميـة العليـا... فالسياسة الخارجية الأمريكية تشكلت، تاريخيا، استجابة لأمرين هـما: الأول؛ القـوة الأمريكيـة المتناميـة بـاطراد، الثـاني؛ المصـالح التوسـعية الأمريكية وفق ما تفرضه مصالحها. وهو ما يقتضى «إستراتيجية التوسع مـن الـداخل إلى الخـارج»؛ أو الميـل إلى الخـروج لمنـاطق خـارج حـدود أمريكا والسيطرة عليهـا سـواء بالوجود الفيزيقـى أو السـيطرة العامـة عليهـا بصورة أو أخرى.. وتؤكد القـراءة التاريخيـة للمسـيرة التاريخيـة للسياسة الخارجية الأمريكية على مر الادرات المتعاقبـة أن البعض كـما فـى حالة ادارة تيـودور روزفلت إلى ذهـب الى اسـتخدام القـوة فهو صاحب سياسة العصا الغليظة Big Stick Policy ، وهى السياسة التـى بـررت حـق الولايـات المتحـدة الأمريكيـة فى ممارسـة دور الشـرطى فى أمريكا اللاتينية وما يترتـب علـى ذلك مـن مراقبـة سـلوكيات شـعوبها، والتدخل بقواتها مباشرة لقمـع أى تمـرد أو إخـلال بالنظام، أو بـدعم أنظمة الحكم العسكرية. بعد روزفلت، جـاء وودرو ويلسون ليطرح رؤية أخلاقية للسياسة الخارجيـة الأمريكية، لا تختلف فى مضمونها عـن سياسة روزفلت مـن حيـث إمكانيـة اسـتخدام القـوة، لـذا ليـس غريبـا أن ويلسون

الأخلاقى تتحقق رؤيته لهذه السياسة من خلال قبول مشاركة أمريكا فى الحرب العالمية الأولى، وهذا اللباس الأخلاقي لاستخدام القوة -المتنامية للولايات المتحدة - لتحقيق المصالح التوسعية الأمريكية. [1]

ووفقاً لتحليل آخر فإن الولايات المتحدة انتهجت أربع استراتيجيات من حيث المنظور العام منذ انتهاء الحرب الباردة. فالرئيس جورج بوش الأب تبنى إستراتيجية استهدفت الوصول لبناء «النظام العالمي الجديد» حيث ركز على التسلح والتدخل في النزاعات الدولية مما كبد ميزانية واشنطن خسائر فادحة دفعت الناخب الأمريكي للتصويت لصالح الرئيس بيل كلينتون، الذي اعتمد إستراتيجية التركيز على الداخل لبناء الاقتصاد الأمريكي لكن سياسته الخارجية اتسمت بالعديد من الثغرات التي تركتها واشنطن خلفها في الشرق الأوسط، يوغسلافيا، أفغانستان، العراق والصومال، ثم جاء الرئيس جورج بوش الابن وأطلق إستراتيجية الحرب الوقائية وقسم العالم إلى محوري الخير والشر: «فمن لم يكن معي فهو ضدي» والتي في إطارها شن حربا توراتية لاحتلال العراق، شكلت انتهاكا صارخا للقانون الدولي ولميثاق الأمم المتحدة..

هكذا تميّزت السياسة الخارجية الأميركية، باللجوء لاستخدام القوة العسكرية في العلاقات الدولية عبر شن الحروب لفرض نظام دولي رأسمالي ولتكريس الهيمنة السياسية والاقتصادية الأميركية على العالم وعلى مواقع الثروات ومصادر الطاقة فيه. وانعدمت مصداقية ادعاءات

(1) سمير مرقص، أمريكا والشرق الاوسط: موقف تقليدي وغير مشجع، الشروق، 2010/6/7،
http://www.shorouknews.com/Columns/Column.aspx?id=242838

إدارة جورج بوش بأنَّ استراتيجية الحرب الوقائية كانت ردّة فعلٍ على ما حدث في واشنطن ونيويورك يوم 11 سبتمبر 2001 من أعمالٍ إرهابية. والتي خاضت على اثرها الإدارة الأمريكية حروباً مباشرة في أفغانستان والعراق، كما ساندت حروب «إسرائيل» الأكثر دموية وهمجية في الأراضي الفلسطينية وفي لبنان، تحت مبرّر «الحرب على الإرهاب» وبذريعة حماية الأمن القومي الأميركي. لذلك، واجهت الإدارة الأمريكية للرئيس بارك أوباما أهمية إجراء مراجعة إستراتيجية شاملة في السياسة الخارجية الأميركية.

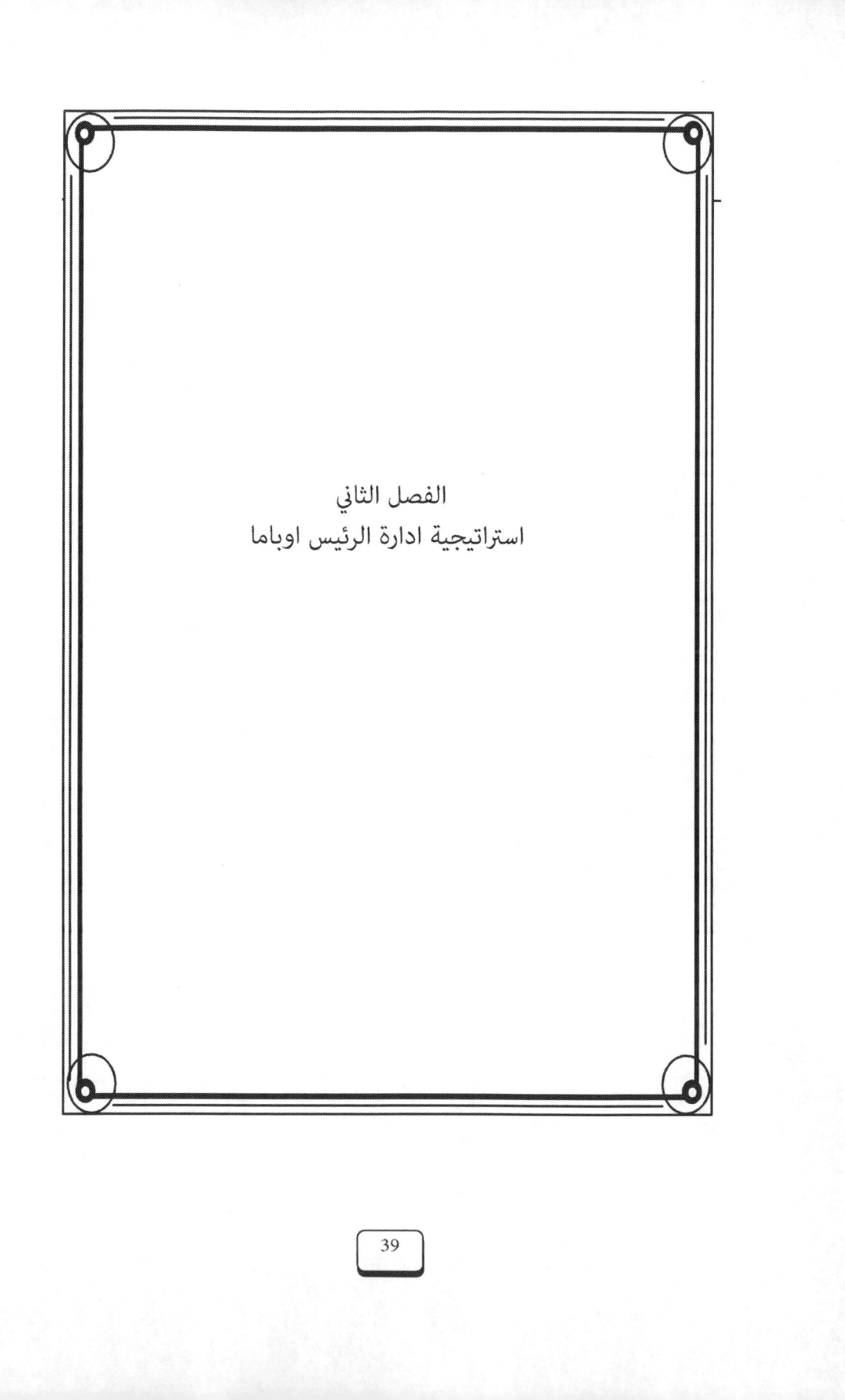

الفصل الثاني
استراتيجية ادارة الرئيس اوباما

الفصل الثاني
استراتيجية ادارة الرئيس اوباما
تمهيد

أسس الرئيس الأمريكي ترومان في عام 1947 لجنة الأمن القومي او National Security Council (NSC) وهي تختص بقضايا الأمن الوطني والسياسة الخارجية بالإشتراك مع كلاً من مستشاري الرئيس للأمن القومي ومجلس الوزراء، وتعتبر اللجنة المذكورة من أهم اركان المكتب التنفيذي للإدارة الأمريكية، ثم ازداد عدد مستشاري وأعضاء اللجنة حتى اصبحت تتكون من الرئيس ونائبه ووزير الخارجية ووزير الخزانة ووزير الدفاع ومستشار الأمن القومي ومستشار عسكري وهو على الأغلب رئيس اركان القوات المشتركة ومستشار استخبارات (مدير الأستخبارات الوطنية) مع عدد من المستشارين الزائرين (مستشار الطاقة، التجارة، الإقتصاد. وتعد اللجنة استراتيجية للأمن القومي يتم تبنيها من قبل رئيس الولايات المتحدة الأمريكية لتمثل خارطة طريق لعمل السلطات التنفيذية في الإدارة الأمريكية تجاه عددا من التحديات والتهديدات الوطنية والدولية.

وتعلن الولايات المتحدة الأمريكية كل أربع سنوات عن إستراتيجيتها للأمن القومي الأمريكي[1]، ويشترك في إعداد هذه الوثيقة كل من الإدارة

---

(1) يطالب القانون الرئيس الامريكي ان يقدم الرئيس وادارته للكونجرس بيانا استراتيجيا سنويا. وتعد إستراتيجية 27 مايو 2010 أول استراتيجية امنية يعدها اوباما بعد توليه منصبه في يناير 2009.

41

الأمريكية ومراكز البحوث والدراسات الإستراتيجية ذات الصلة بدوائر صنع القرار. وتصبح هذه الإستراتيجية ملزمة للإدارة الأمريكية حتي إذا ما تغيرت خلال الأربع سنوات، والسبب في ذلك أن تلك الإستراتيجية توضح الرؤية الإستراتيجية للمصالح الأمريكية، وهي دائمة وليست عرضة للتغير، ولكن الذي يتغير هو سياسات تنفيذها.

ومن الملاحظ دائما أن جميع الاستراتيجيات الخاصة بالأمن القومي الأمريكي تركز علي ثلاثة أهداف عليا هي تحقيق الأمن والرخاء والمكانة الدولية المتميزة للولايات المتحدة.[1]

وتنبع أهمية الاستراتيجية الجديدة للأمن القومي من أنها ترسم أطر السياسة الأميركية على الصعيدين الداخلي والخارجي، وتضع تصوراً لتقويم واشنطن لتهديداتها وتحدياتها الداخلية والخارجية، وكيفية تعاطي الإدارة الأميركية معها خلال سنوات حكمها الأربع، ناهيك عن رسمها الإطار الذي ستدور في فلكه جميع الوكالات والمؤسسات الأميركية خلال تلك الفترة.

وبمراجعة الاستراتيجيات يلاحظ ان المحاور الرئيسية لها لم تشهد تغييرات جذربة، سواء مع إدارة جمهورية أو أخرى ديمقراطية، وأن التغيير الواضح جاء بعد أحداث الحادي عشر من سبتمبر2001، خاصة عام2002، وعام2006، حيث فرض المحافظون الجدد مفاهيمهم علي السياسات الخاصة بتحقيق المصالح الأمريكية والتي تمحورت حول الحملة الدولية علي الإرهاب كهدف رئيسي تنطلق منه، وتدور حوله، كافة المحاور

(1) د. محمد مجاهد الزيات، قراءة في إستراتيجية الأمن القومي الأمريكي، الأهرام 2010/6/28

الأخرى، ولم تفرق بين التنظيمات الإرهابية والإسلام، وانطلاقا من ذلك جاء إسقاط النظامين في أفغانستان والعراق واحتلال العراق.

وبصفة عامة، يجب النظر إلى نقطة مهمة في الاستراتيجية الأمريكية، وهي أنها تهتم بالمصالح الأمريكية المباشرة، وهي تلك الأمور المتعلقة بتحقيق أمن الوطن والمواطن الأمريكي في الداخل والخارج وتحقيق الرخاء والنمو الاقتصادي ودعم منظومة التعليم، وكلها موضوعات وقضايا ثابتة في كل الاستراتيجيات الأمريكية السابقة والحالية. [1]

ومن الثابت أن أحداث الحادي عشر من سبتمبر 2001 تعد نقطة تحول مهمة في السياسة الأمريكية تجاه العالم، حيث عملت إدارة الرئيس الأمريكي السابق بوش الابن، التي كان يسيطر عليها تيار المحافظين الجدد، على استغلال هذه الأحداث وتوظيفها لتعزيز الهيمنة الأمريكية على العالم، وإعادة صياغة النظام العالمي وفق أسس ومبادئ جديدة في العلاقات الدولية تخدم المصالح الأمريكية بالدرجة الأولى، كان أبرزها إعلان حرب وقائية تشنها الولايات المتحدة في أي مكان في العالم ترى فيه تهديدًا لأمنها، حسب زعمها، واستخدام كل الوسائل بما فيها التدخل العسكري وتغيير الأنظمة السياسية القائمة واستحداث قيم أخلاقية تصنف الدول على أساس الخير والشر وتكريس قاعدة: "من ليس معنا فهو ضدنا".

وتنطلق إدارة بوش الابن لعامي 2002 و2006، من مبدأ أن "أمريكا في حالة حرب" لدحر الإرهاب سواء أكان دولا أو جماعات أو أفرادا، وتهدف الى "نشر الديمقراطية ودعمها في كل ثقافة وأمة... وذلك للحفاظ

---

(1) د. محمد مجاهد الزيات، مرجع سابق

على أمن الشعب الأمريكي"، وهذا يتطلب "البقاء في حالة هجوم، وهزيمة الإرهابيين خارج الأراضي الأمريكية حتى لا نضطر لمواجهتهم على أرضنا. وورد هذا في أول فقرة، وما يليها مباشرة حديث عن أن الوصول لتلك الأهداف جعل من الولايات المتحدة في بداية حرب "طويلة كالتي خاضتها إبان الحرب الباردة، ومثلما توجت في النهاية بالانتصار على عقيدتي الشيوعية والفاشية"، فإنه إذا كانت هناك أيديولوجية تهدد (أمريكا) فهي أيديولوجية لا تنطلق من فلسفة علمانية وإنما تتأسس على أيديولوجية شمولية ركيزتها تحريف ديانة عظيمة (الإسلام) قد تختلف في المنطلق عن أيديولوجية القرن الماضي ولكنها تتفق في المضمون "عدم التسامح، والقتل، والإرهاب، والاستعباد، والقمع".

إذن فنواة إستراتيجية بوش هي الحرب الاستباقية. وفي منتصف دائرتها يقع الإسلام السياسي "فالصراع ضد الراديكالية الإسلامية المقاتلة هو الصراع الأيديولوجي الأكبر في السنوات الأولى من القرن الحادي العشرين، ويأتي في وقت تصطف فيه القوى العظمى في جانب واحد في مقاومة الإرهاب". كما تميزت استراتيجية بوش الابن بتقديم رؤية واضحة عن قوة الولايات المتحدة، وعن مسئوليتها في إحداث تغييرات في مختلف أنحاء العالم.

ومما يميز إستراتيجية بوش الابن أنها لم تتخل عن تقديم استخدام القوة الناعمة مثل استعمال المداهنات الاقتصادية والثقافية والدبلوماسية على وسائل أخرى من أجل القضاء على الطغيان ونشر الديمقراطية بصورة فعالة. ورغم ما سبق وإعلان رغبة أمريكا في "استخدام مجال أوسع نطاقا من الوسائل" وصولا لأهداف الإستراتيجية، فإن الوثيقة تؤكد على أهمية الدور الرئيسي للقوة العسكرية الأمريكية حيث تقول الوثيقة: "بيد أننا عند

الضرورة، ووفقا لمبادئ الدفاع عن الذات المعمول بها منذ وقت طويل، لا نستبعد استخدام القوة قبل أن تحدث الهجمات ضدنا، حتى في حالة عدم اليقين بشأن توقيت ومكان هجوم العدو". من ثم تتوسع وثيقة 2006 بشكل واضح حول إطار الإستراتيجية الأصلي الذي تحولت بموجبه سياسة أمريكا من سياسة الردع والاحتواء، التي تبنتها لعقود طويلة، إلى سياسة أكثر عدوانية، تقوم على "مهاجمة الخصوم قبل أن يقوموا هم بمهاجمة الولايات المتحدة"، لذا لم يطرأ تغيير بالإستراتيجية المعدلة ويؤكد بوش في خطاب تدشينها أنها "ستظل كما هي". وتتوسع رؤية بوش في الأعداء وتعتبر إيران أكبر خطر، وتنتقد الوثيقة أيضا الصين وروسيا. فالإستراتيجية تنظر إلى روسيا نظرة أكثر تشككا مقارنة بنظرتها في نسختها الأولى 2002 عندما كان وهج التقارب بين بوش وبوتين لا يزال ساطعا. فقد ورد في الوثيقة عند الإشارة إلى روسيا: "إن الاتجاهات الحديثة تؤشر للأسف إلى تقلص الالتزام الروسي بالحريات والمؤسسات الديمقراطية".

وفي 27 مايو 2010 اعلنت إدارة اوباما - التى تتبنى مبدأ التغيير - استراتيجيتها للأمن القومي، التي أصدرتها، بعد ما يقرب من 16 شهراً لها في البيت الأبيض[1]، وأثارت الإستراتيجية تساؤلين رئيسيين مفادهما، إلى أي مدى عكست الاستراتيجية الجديدة مقاربة إدارة أوباما للسياسة الخارجية الأميركية، وهل تمثل تغيراً في الفكر والممارسة الأميركيين مقارنة باستراتيجيتي إدارة الرئيس جورج دبليو بوش وأقطابها من المحافظين الجدد لعامي 2002 و2006.

(1) NATIONAL SECURITY STRATEGY, WHITE HOUSE, 27TH MAY 2010, RETIRIEVED FROM: WWW.WHITEHOUS.COM

المبحث الأول: أهداف استراتيجية أوباما للأمن القومي

جاء في مقدمة الوثيقة "لكي ننتصر يجب أن ننظر إلى العالم كما هو" وفتح قنوات التعاون والانخراط مع «قوى جديدة وصاعدة» بينها المملكة العربية السعودية والبرازيل ودول أخرى نافذة مثل الصين وروسيا. ويشكل النص تطورا في سياسة أوباما بعد بدء رئاسته التي طغت عليها مبادئ مثالية. فالإستراتيجية الجديدة تهدف إلى تجديد القيادة الأميركية للعالم، حتى تتمكن من تحقيق مصالحها في القرن الـ21، وذلك على مسارين: أولهما يتمثل في بناء قوتها الداخلية، أما ثانيهما فيتمثل في العمل على صياغة نظام دولي يُمكن من مواجهة التحديات الدولية[1]. ويأتي هذا تماشياً مع تعامل أوباما مع النظام الدولي «كما هو» وليس من زاوية ما يجب أن يكون عليه، والتي سيطرت على استراتيجيتي الأمن القومي لعامي 2002 و2006، ولإدراكه مدى التغيير في موازين القوى الدولية، فلم تعد الولايات المتحدة هي القوى العظمى في ظل صعود منافسين على المسرح الدولي، لا سيما مجموعة (**BIRC**) - البرازيل، الهند، روسيا والصين - والى أي مدى تراجعت القيادة والريادة الأميركية.

لذا، وعلى اختلاف الاستراتيجيات السابقة، أعطت الاستراتيجية جزءاً كبيراً من الأهمية لاستعادة القوة والريادة الأميركيتين واللتين تبدآن من

(1) Sarah Jane Staats, Obama's National Security Strategy: What Happens Here Matters There and Vice Versa, June 1, 2010, Center For Global Development, retrieved from http://blogs.cgdev.org/mca-monitor/2010/06/obama%E2%80%99s-national-security-strategy-what-happens-here-matters-there-and-vice-versa.php

الداخل الأميركي باعتبار أن ما يحدث في الداخل يحدد قوة الولايات المتحدة ونفوذها. فعكست الاستراتيجية خطوات إدارة أوباما لبناء القوة الأميركية داخلياً والتي بدأتها بالتركيز على خروج الاقتصاد الأميركي من عسرته، وخفض العجز المالي، والتركيز على قوة العلم والاكتشافات والاختراقات الأميركية، وتعزيز القدرة التنافسية للمواطن الأميركي، والقدوة الأخلاقية الأميركية التي لن تتأتى بفرضها بالقوة ولكنها ترتبط بقوة شرف واستقامة الشعب الأميركي ومخاطبته لآمال شعوب العالم، بجانب تركيزها على القوة العسكرية باعتبارها حجر الزاوية لأمن الولايات المتحدة. وعلى صعيد قضايا السياسة الخارجية عكست الاستراتيجية القضايا الكبرى التي احتلت مكانة متقدمة في أجندة أوباما الانتخابية خلال عام 2008، وخلال الأشهر الماضية له في البيت الأبيض، كقضية التغير المناخي، واستمرار استدامة النمو الاقتصادي العالمي وخروج الاقتصاد العالمي من أزماته المالية وقضية منع الانتشار النووي وتأمين المواد النووية المعرضة للخطر.

وترجم هذا الاهتمام في تحركات أوباما الخارجية لإيجاد صيغ تعاونية لمواجهة تلك التحديات الكبرى. ويتمحور التغير الجلي في استراتيجية أوباما للأمن القومي حول مقاربتها قضية الحرب على الإرهاب فلم تتحدث الاستراتيجية عن «الحرب الدولية على الإرهاب» و لا عن الحرب ضد «الراديكالية الإسلامية» و لا «الفاشيين الإسلاميين»، ولكنها تتحدث عن الحرب ضد تنظيم «القاعدة» والتنظيمات المنضوية تحت لوائه في أماكن نشاطه لا سيما أفغانستان وباكستان اللتين تعدان الخطوط الأمامية في الحرب على تنظيم «القاعدة» وتابعيه. بجانب تناول الاستراتيجية لمصادر الإرهاب الداخلي الأميركي ولعلها المرة الأولى التي تركز فيها استراتيجية

للأمن القومي على الإرهاب داخل الأراضي الأميركية. وبذلك أضحى مفهوم الإرهاب محدد المعنى والنوع في الاستراتيجية الجديدة للأمن القومي.

كما أحدثت الاستراتيجية تغيراً في مقاربتها لدعم وتعزيز الديموقراطية عالمياً، [1] فتختلف الاستراتيجية الجديدة عن استراتيجية عامي 2002 و2006 في أنها تدعم تعزيز الديموقراطية باعتبارها قيمة أميركية عليا، ولكنها في الوقت ذاته ترفض استخدام القوة في فرضها كما تبنت الإدارة السابقة. وترفض فرض أي نظام حكم على الدول، وتتحدث عن التحاور والتواصل مع الأنظمة غير الديموقراطية. وهذا لا يعني التضحية بالديموقراطية من أجل الأمن وديمومة المصالح. فترفض الاستراتيجية فكرة أن ديمومة الأمن والرخاء تتحقق بالتخلي عن الحقوق العالمية والديمقراطية، لأن دعمها هو جوهر القيادة الأميركية وأحد مصادر قوتها في أرجاء العالم.

وهكذا عكست الاستراتيجية الجديدة مقاربة أوباما للتعاطي مع التهديدات والتحديات العالمية، وهي مقاربة قوامها التفاوض والإقناع كبديل للمواجهة والارتكاز بصورة أساسية على القوة الصلدة (القوة العسكرية والعقوبات والإكراه) لتحقيق المصلحة والأمن القومي لأمريكا.

وتنطلق الاستراتيجية من قناعة كثيراً ما رددها أوباما كان آخرها في كلمته في أكاديمية «ويست بوينت» العسكرية في 22 مايو 2010 والتي تتلخص في أنه ليست هناك قوة مهما بلغت تستطيع التصدي لكل التحديات

---

(1) Anne Gearan And Robert Burns, Obama's National Security Strategy Turns Away From Bush Administration Goals, 17th August, 2010, HuffPost Politics, retrieved from http://www.huffingtonpost.com/2010/05/26/obamas-national-security_n_590109.html

العالمية بمفردها. وهو ما دفعه خلال الأشهر الستة عشر۔ الماضية لإعادة صياغة المقاربات التعاونية والتشاركية مع حلفاء الولايات المتحدة التقليديين وبناء شركات جديدة مع قوى بازغة.

وفى اعادة تعريف الاستراتيجية الامنية، اعتبرت الوثيقة القوة الاقتصادية احد اهم اولويات الامن القومى واضافت الوثيقة، التى صدرت فى وقت تكافح فيه امريكا من اجل التعافى من اسوأ ركود مرت به منذ الثلاثينات، انه " يوجد فى بؤرة جهودنا التزام باعادة تجديد اقتصادنا، الذى يعد اساس القوة الامريكية.

وتحدد الاستراتيجية اربع "مصالح وطنية دائمة"، مترابطة بشكل معقد " وهى الامن، والرخاء، والقيم، والنظام الدولى، كما اكدت الوثيقة أهمية ضمان حلفاء اقوياء للحفاظ على أمن البلاد.

وأضافت أن " اساس الامن فى الولايات المتحدة، وعلى المستويين الاقليمى والعالمى، سيظل متمثلا فى علاقات امريكا مع حلفائنا، وان التزامنا بتحقيق الأمن لهم ثابت لا يتغير. وهذه العلاقات يجب تشجيعها باستمرار، ليس لمجرد انها لا غنى عنها بالنسبة للمصالح الامريكية واهداف الامن القومى، وانما ايضا لاهميتها الجوهرية لامننا الجماعى".

ودعت العقيدة الامنية الجديدة الى توسيع مجالات التعاون فى جميع انحاء العالم، مع الحفاظ على الحلفاء الحاليين. وقالت ان "هناك علاقات ثنائية معينة، مثل علاقات الولايات المتحدة بالصين، والهند، وروسيا ستكون من الاهمية بمكان بالنسبة لبناء تعاون أوسع فى المجالات ذات الإهتمام المتبادل. وان تأكيد القوى الصاعدة فى كل منطقة فى العالم نفسها بشكل متزايد، يعزز فرص الشراكة للولايات المتحدة".

المبحث الثاني: محاور استراتيجية اوباما

تصوغ الولايات المتحدة سياسة عالمية متكاملة، فيظهر فيهـا أن أي مكان على هذا الكوكب وكذلك الفضـاء الخـارجي هـو جـزء مـن أمنهـا القومي. هذا التفكير الامبراطـوري لا يحـد منـه الآن إلاّ معرفة أمريكا بوجود وفاعلية دول كبرى أخـرى لا تخـوض معهـا حربـاً بـاردة كـما في القرن الماضي، ولكنها تخوض منافسة حقيقية اقتصادية وسياسية وتبني علاقات استراتيجية وتقدم السـلاح لـدول أخـرى مناهضـة لأمريكا. لا <u>يتخلّى أوباما طبعاً عن مشروع أمريكا لقيادة العالم، يعطي هـذا الـدور</u> <u>صفة أخلاقية ويربطه أيضاً بالدور الاقتصادي المتقدم. لكن مـا يبحث</u> <u>عنه أوبامـا هـو "الشـراكات" مـع الـدول الأخـرى والسـعي الى تقاطع</u> <u>المصالح، وهو يبني على تجارب نجحت فيها أمريكا في ربع القرن</u> <u>الماضي مع روسيا والصين.</u> في الملف الإيراني الأكثر حضوراً على الطاولـة الأمريكيـة يجـد الكثير مـن العناصر المشـتركة ويحـاول أن يفـك عقد العناصر غير المشتركة. (1) ويمكن تقسيم محاور هذه الوثيقة الى ثلاثـة: الأمن العسكري، الأمن الاقتصادي، الدور السياسي والثقـافي الأمريكي [2].

إلا أن أهم قضاياها هي:

1 - الارهاب والاسلام:

اعتمدت استراتيجية ادارة بوش السابقة على النفي من أن تكـون في حرب ضد المسلمين، وإنما تخوض معاركها في "الحرب عـلى الإرهاب

---

(1) سـليمان تقـي الـدين، اسـتراتيجية اوبامـا للأمـن القومي، الخلـيج الاماراتيـة، 2010/6/5

(2) WALEED ALY , Obama's National Security Strategy,1 JUNE 2010, ABC, Retrieved from:

http://www.abc.net.au/unleashed/stories/s2914175.htm

(باعتبارها) معركة أفكار وليست معركة ديانات"، حيث" يواجهنا الإرهابيون الدوليون باستغلال دين الإسلام العظيم لخدمة رؤيتهم السياسية العنيفة". وفي هذه النقطة استلهمت الإدارة الأمريكية في عهد بوش الابن ما سبق أن حذر به رئيس الوزراء البريطاني توني بلير المارقين من المسلمين بالتزام "التيار العام للإسلام" أو Main stream Islam وهو الإسلام الذي يرضي الغرب ومن يخالفه فهو إرهابي، فتمنح الإستراتيجية نفسها الحق في وصف الدين الذي تحاربه "بالإسلام الراديكالي" الذي "يسوغ القتل، ويحرف ديانة الإسلام العظيمة وتوظيفها لخدمة الشر". وهكذا نذر جورج بوش الابن نفسه لتغيير ثقافة المنطقة ولتغيير أنظمتها تحت مسميات مكافحة "الإرهاب" "والفاشية الإسلامية" وأنظمة الدكتاتوريات المهيّأة لتعريض الأمن والاستقرار في العالم. لكن أوباما الذي بدأ ولايته بسلوك الانفتاح على الحوار والتفاوض والدبلوماسية وسياسة "القوة الناعمة" لم يسقط من قاموسه احتمالات الحرب ولكن كخيار أخير.

على صعيد آخر، ولمواجهة التهديدات الأمنية الداخلية والخارجة أكدت إستراتيجية الأمن القومي الأمريكي الجديدة على سعي واشنطن «على الدوام إلى نزع الشرعية عن الأعمال الإرهابية وعزل كل من يمارسونها. وشرح جون برينان كبير مستشاري الرئيس الأمريكي باراك أوباما إن الإستراتيجية الجديدة توضح أن الولايات المتحدة لا تعتبر نفسها في حرب مع الإسلام، لأننا «لم نكن أبداً ولن نكون في حرب مع الإسلام». ويستهدف حديث جون برينان تحسين صورة السياسة الأمريكية، وترسيخ مبادئ الرئيس باراك أوباما في بناء علاقات منطقية مع العالم الإسلامي بعد أن تشوهت صورة الولايات المتحدة الأمريكية بعد احتلال أفغانستان والعراق

وفضائح السجون السرية للمخابرات الأمريكية وإساءة معاملة المسجونين في سجن أبو غريب وغوانتانمو وإطلاق مصطلح «الفاشية الإسلامية» من الإدارة السابقة لتوصيف نمط التفكير في الأمة الإسلامية. مما زاد من مشاعر الغضب الشعبي ضدّ الحكومة الأميركية في شتّى أنحاء العالم. ويؤكد أن "الولايات المتحدة في حرب. نحن في حرب ضد القاعدة وروافدها الإرهابية"، وأن كبح تهديد الإرهاب "المحلي" سيكون أولوية عليا إلى جانب دعم الدفاع ضد مجندي القاعدة المنفردين الذين يحملون جوازات سفر أجنبية تسمح لهم بدخول الولايات المتحدة دون تدقيق في التفتيش. ويأتي ذلك بعد محاولة فاشلة في ديسمبر لتفجير طائرة ركاب أمريكية ومحاولة أخرى فاشلة لتفجير سيارة ملغومة في ساحة تايمز سكوير في وقت سابق من هذا الشهر وهما حادثان وصفهما برينان بأنهما "مرحلة جديدة" في محاربة "الإرهاب".

وتؤكد الاستراتيجية أن الولايات المتحدة لن تتخلى عن حربها ضد "الإرهاب" وأنها تحتاج إلى حملة واسعة "توظف كل وسيلة للقوة الأمريكية عسكرية كانت أم مدنية وحركية كانت أم دبلوماسية". فالاستراتيجية تعلن رسميا انتهاء خطاب الحرب الذي استخدمته إدارة جورج بوش وخصوصا مفهوم (الحرب على الارهاب)، وتؤكد في نفس الوقت على نزع الشرعية عن الاعمال الارهابية وعزل كل من يمارسونها، لكنها ليست حربا عالمية وانما مع شبكة بعينها هي القاعدة ومع فروعها التي تدعم الاعمال الموجهة لمهاجمة الولايات المتحدة وحلفائها وشركائها في افغانستان وباكستان وحول العالم (**الصومال** واليمن والمغرب والساحل).

2 - الاقتصاد:

مــن المحــاور الهامــة للاســتراتيجية الجديـدة مكافحـة الأزمـات الاقتصادية وارتفـاع حـرارة الأرض التـي يمكـن ان تهـدد آثارهـا أمـن الولايات المتحدة. فقد وضعت الاستراتيجية أربع ركائز للأمن القومي: الأمن والازدهار والقيم والنظام الدولي، وتتعهد توسيع الإنخراط مـع «الصــين وروسـيا والقـوى الصـاعدة مثـل البرازيـل وجنـوب افريقيـا واندونيسيا». كما تشير الى النقلـة الاقتصادية مـن مجموعـة الثماني الى مجموعة العشرين «المنتدى الأساسي للتعاون الاقتصادي الدولي»، وتنوه بوجود المملكة العربية السعودية داخل المجموعة. ولتحقيق الأهداف الامريكية، تقترح الاستراتيجية الجديدة استخدام القوة العسكرية لكـن معهـا الدبلوماسـية والحـوافز الاقتصـادية والمسـاعدة عـلى التنميـة والتعليم. وأشارت الوثيقـة إلى عالـم يواجـه تهديـدات متغيـرة وتحـاول اعادة تعريـف ما سـتكون عليـه السياسـة الخارجيـة الامريكيـة في العراق وأفغانستان وأزمـة اقتصادية عالميـة. ولمعالجة التحديات الاقتصادية أشار الرئيس بـاراك أوباما الذي يسعى جاهداً لإنقاذ الاقتصاد الأميركي من أزمتـه وخفض العجـز المتزايـد في الميزانيـة إلى أهميـة التأكيـد مـن جديد على العلاقة بين القوة الاقتصادية الأميركية والانضباط في الـداخل واستعادة مكانة أميركا في العالم.

وتدعو إستراتيجية الرئيس بـاراك أوباما لتوسيع الشراكات السياسية والاقتصـادية، لتشــمل إضافـة لحلفـاء الولايـات المتحـدة الأمريكيـة التقليـديين مجموعـة مـن الـدول والقـوى الصـاعدة كالصـين والهنـد والبرازيل للمشاركة في تحمل الأعباء الدولية. وقـد ربطت الاسـتراتيجية الجديدة التنمية بشكل

متنامٍ مع سياسة خارجية معقدة للكثير من الدول. وربما لا يوجد مكان يجسد التساؤلات حول أساليب التنمية اليوم مثل الولايات المتحدة. فهناك مراجعة داخلية واسعة حول التنمية من الجانبين التقني والسياسي في الولايات المتحدة، بالإضافة إلى دور التنمية في العمليات العسكرية الأميركية وخاصة في أفغانستان. ولأجل انفاذ سياسته قرر الرئيس الأميركي باراك أوباما تعيين راجيف شاه مديرا للوكالة الأميركية للتنمية الدولية حاملاً معه الكثير من الأفكار وخبرة غير قليلة في مجال التنمية إلى قلب عاصفة الجدال حول التنمية ودورها في السياسة الأميركية.

3 - منع الانتشار النووي:

تدعو الوثيقة الى نهج حازم خالي من التوهمات في العلاقات مع اعداء الولايات المتحدة مثل إيران وكوريا الشمالية. وهي تدعو هذين البلدين إلى القيام (بخيار واضح) بين القبول بالعروض الأمريكية للتعاون أو مواجهة عزلة كبيرة بشأن برنامجيهما النوويين. فوفقاً للوثيقة على الدولتين أن تتخذا خيارا واضحا، مع دعوة كوريا الشمالية إلى التخلص من اسلحتها النووية وطهران إلى الوفاء بالتزاماتها الدولية بشأن برنامجها النووي. وفي حال تجاهلتا واجباتهما الدولية، سنلجأ الى طرق عديدة لزيادة عزلتهما وحملهما على الامتثال للاعراف الدولية المتعلقة بمنع الانتشار النووي. وفي نفس الإطار حذرت واشنطن كل من إيران وكوريا الشمالية اللتين تنتهجان سياسة التحدي النووي بأنها تمتلك «وسائل متعددة» لعزلهما إذا تجاهلتا الأعراف الدولية.

ويلاحظ هنا التناقض الكبير في الوثيقة بين الأقوال والأفعال فتعهَد

الرئيس باراك أوباما الطنَان والمنمَق لعدم إنتشار الأسلحة النووية حصل على مديحٍ وإطراء، وحتَى جائزة نوبل للسلام، إلا أن أول خطواته، وهو تعزيز منطقة خالية من الأسلحة النووية في الشرق الأوسط، تمت المراوغة فيها لصالح إسرائيل.

4 - الشرق الأوسط:

يعتبر الشرق الأوسط من الموضوعات الحسّاسة بالنسبة للإدارة الأمريكية بسبب النزاع الفلسطيني - الإسرائيلي، خاصة من حيث حجم المعاناة الإنسانية والعلاقات الوثيقة مع إسرائيل ومع دول عربية أخرى. وجددت وثيقة استراتيجية الأمن القومي لأوباما التزام أمريكا بإقامة دولة فلسطينية مستقلة ديمقراطية، تعيش إلى جانب اسرائيل بسلام، وقيام هذه الدولة في مصلحة إسرائيل، التي يهدد الاحتلال هويتها وديمقراطيتها. كما حددت الوثيقة شروط الدعم الأمريكي والبنك الدولي لحكومة فلسطينية وهي الإصلاح من أجل التنمية الاقتصادية، برنامج قضاء مستقل، الديمقراطية، حكم القانون، مواجهة الفساد، رفض الإرهاب بحزم.

ولم تتغير سياسة الولايات المتحدة تجاه منطقة الشرق الأوسط، حتى وإن تغير التكتيك، ولكن ويبقى الهدف واحداً بإحكام السيطرة على هذه المنطقة لضمان إحكام السيطرة على مصادر النفط وأمن دولة إسرائيل ورسم خريطة المنطقة بما يضمن تحقيق تلك الأهداف، والولايات المتحدة لا تخفي ذلك في تصريحاتها الرسمية. خصوصاً وأن أحداث الحادي عشر من سبتمبر وتقلد المحافظين الجدد السلطة في تلك الفترة قد أرسى قواعد تكتيكية جديدة اتسمت بعسكرة السياسة الخارجية الأمريكية تجاه منطقة

الشرق الأوسط والتي توصف بالشراسة. تلك المرحلة من الشراسة الأمريكية تجاه منطقة الشرق الأوسط بات التراجع عنها أمراً صعباً حتى بالنسبة للإدارة الأمريكية الجديدة التي لا تستطيع إلا أن تسير قدماً في تنفيذها، رغم كل تصريحاتها الناعمة، فالأفعال هي المقياس الحقيقي لتوجه السياسة الخارجية و لا يمكن الأخذ بالأقوال فقط. وعليه فترجيح ضربة عسكرية قريبة لردع أحد محاور الشر- "إيران" يكون أكثر ترشيحاً في ظل تصريحات الولايات المتحدة حادة اللهجة، وأفعالها الشرسة ضد ما تنعته بالإرهاب في محاور شريرة أخرى، حتى وان خفضت إيران من لهجتها أو قلصت من نشاطاتها النووية، لأنها تبقى الهاجس الوحيد والعائق الأخير أمام الرسم الأمريكي لخريطة منطقة الشرق الأوسط.

ومقارنة بتعاطي الاستراتيجية الجديدة مع سابقتها فيما يخص قضايا منطقة الشرق الأوسط، يمكن القول بأنه ليس هناك تغيراً في ثوابت السياسة الخارجية الأميركية الشرق أوسطية. فالقراءة التاريخية للسياسة الخارجية الأميركية تجاه قضايا المنطقة منذ انتهاء الحرب العالمية الثانية وحتى بدايات القرن الحادي والعشرين تكشف أن نظرة الإدارات الأميركية على اختلافها، تجاه الشرق الأوسط لم تتغير بصورة جوهرية، وهو ما يؤسس لصورة بنيوية ثابتة للسياسة الأميركية تجاه قضايا المنطقة، ولذا فإن أي تغيير في السياسة الأميركية تجاه قضايا المنطقة سيكون تغييراً تكتيكياً وليس استراتيجياً[1]

(1) عمرو عبد العاطي، الثابت والمتغير في استراتيجية الأمن القومي الأميركي، الأوسط، 2010/6/23، http://www.awsatnews.net/?p=30597

وهكذا فإن استراتيجية اوباما تؤكد ان السياسة الأميركية في المنطقة تقوم على «الدفع بالسلام والأمن والفرصة في الشرق الأوسط الكبير»، وحددت ثلاثة أهداف وأولويات لأميركا في المنطقة تتمثل في الدفع بعملية السلام، وضمان وحدة العراق وأمنه وتعزيز ديموقراطيته واعادة تعاضده مع المنطقة، والعمل لتحويل السياسبة الايرانية بعيدا من سعيها الى السلاح النووي ومن دعم الارهاب وتهديد جيرانها. وتعهدت الوثيقة العمل على انهاء الحرب في العراق، والعمل نحو تشكيل حكومة عراقية «منصفة وتمثيلية ومسؤولة و لا توفر ملاذاً ودعما للارهابيين». أما في عملية السلام فأكدت التزام أمن اسرائيل والعمل «في المنطقة ومع شركاء لهم الرؤية نفسها للدفع نحو مفاوضات الحل النهائي: أمن الاسرائيليين والفلسطينيين والحدود واللاجئين والقدس». كما شددت على أهمية العمل نحو السلام الشامل بين اسرائيل وكل من لبنان وسورية.

5 - العراق:

تمثل الحرب في العراق تحدياً هاماً وواضحاً للولايات المتحدة والمجتمع الدولي والشعب العراقي والمنطقة. وفي هذا الصدد تعهدت وثيقة إستراتيجية الأمن القومي الأمريكية الجديدة بالعمل على إنهاء الحرب في العراق، وتشكيل حكومة عراقية «منصفة وتمثيلية ومسؤولة و لا توفر ملاذاً ودعما للارهابيين. ونجد ان هناك تبدلاً واضحاً في الخطاب، بينما هناك ثباتاً في عوامل وآليات التنفيذ تجاه المسألة العراقية والحرب في العراق. فالوثيقة تنص على ان هدف الولايات المتحدة هو بناء عراق مستقل ومستقر وذو سيادة يعتمد على نفسه و لا أجد تعريفاً مناسباً لمفهوم السيادة في ظل

اشراف تام من قبل الولايات المتحدة وأخذ زمام المبادرة من قبل وزارة خارجيتها لإسناد ومعاونة العراقيين في أمور سيادية بغاية الأهمية كالدفاع والأمن والسياسة الخارجية وسيادة القانون ناهيك عن الصحة والتعليم والعلوم والمهجرين واللاجئين وحل الخلافات و لا أعرف ماذا تبقى للحكومة ذات السيادة سوى توزيع الأراضي ومنح الأمتيازات الخاصة لحلفاءها المخلصين، ام ان سيادتها ستكتفي فقط بملاحقة القوى المناهضة للأحتلال وبقايا النظام السابق واجتثاث الوطنيين ومداهمة القرى الآمنة والزج بابناءها في السجون والمعتقلات السرية منها والعلنية. ومع ذلك حملت الاستراتيجية عدد من المتناقضات في محاور تنفيذ هدف الولايات المتحدة في العراق، <u>فالمحور الأول</u> والذي يتحدث عن نقل المسؤولية الأمنية كاملة الى الحكومة العراقية وانهاء المهام القتالية في شهر أغسطس 2010 وتغيير مهام القوات الأمريكية المتبقية الى التدريب والتجهيز وتقديم المشورة، وذلك قد يعني من الناحية الوصفية الإبقاء على قطعات غير قتاليه كما تنص الإتفاقية الأمنية، ولكن التقرير يعود ليستدرك، في السطر اللاحق مباشرة، مؤكداً استهداف ومكافحة الإرهاب وحماية الجهود المستمرة المدنية والعسكرية في العراق. ثم يؤكد على إزالة جميع الفرق من العراق في نهاية 2011 بتناقض واضح يتقاطع مع استراتيجية وزارة الدفاع الأمريكية المذكورة في مراجعة الدفاع الرباعية للأعوام 2011 الى 2015 واستراتيجية الأمن القومي لوكالة الأستخبارات الأمريكية للعام 2010 والتي توصي بالإبقاء على قسم من الفرق القتالية مع تقوية الحملة المدنية.

أما في <u>المحور الثاني،</u> والذي حمل عنوان الدعم المدني، فانه يبدأ بوضع شرطاً محدداً لتنفيذه وهو استمرار تحسن الوضع الأمني في حين أن

مسؤولية حفظ الأمن على عاتق الدولة المحتلة طبقاً للقانون الدولي، وبالتالي فالقوات الأمريكية هي المسؤولة المباشرة عن عدم تأسيس قوات امن مهنية ومحترفة، بل على العكس من ذلك حلت مؤسسات الدولة الأمنية والعسكرية وفتحت الباب على مصراعيه لتأسيس قوات بديله بنيت على أسس خاطئة من طائفية وعرقية وحزبية دمج معها عدد من الميليشيات غير المنضبطة والمتهمة اصلاً بارتكابها جرائم بحق الشعب العراقي. أما في المحور الثالث والأخير فنرى، وبوضوح، إن الولايات المتحدة الأمريكية ستستمر بالمشاركة لحين تأمين أمن وسلام دائم للعراق والشرق الأوسط الكبير وسيكون هناك وجود قوي للمدنيين وتتحول العلاقة الى علاقة اقوى واثبت مع الشركاء الستراتيجين في المنطقة (وبالتاكيد المقصود هو الكيان الصهيوني).

6 - آسيا

تحرص الولايات المتحدة في استراتيجية اوباما على بروز صين قوية، مسالمة، مزدهرة، والتطور الديمقراطي شرط لحصول ذلك، إلا أنه على الرغم من تخلص الصين من الإرث **الشيوعي** -اقتصادياً على الأقل - فإن الصينيين لم يحددوا بعد صيغة دولتهم. وستتعاون الولايات المتحدة مع الصين بما يخدم مصالحها، والحرب الدائرة على الإرهاب، وستدعم التحديات العابرة للأوطان الانفتاح السياسي في الصين وبناء مؤسسات المجتمع المدني فيه. وعلى الرغم من أن الصين تحتل المرتبة الرابعة من الشركاء التجاريين للولايات المتحدة، إلا أن هناك مواطن خلاف بين الدولتين حول عدد من القضايا مثل تايوان وحقوق الإنسان، التأكد من منع

انتشار الأسلحة النووية. ولقد أثبتت الحرب الأفغانية أن تحالفات الولايات المتحدة في أسيا ليست داعمة لأسس الاستقرار والسلام الإقليميين فحسب، بل ومرنة وجاهزة للتعامل مع بروز تحديات جديدة. وتسعى الولايات المتحدة -وفقاً لاستراتيجيتها - إلى بقاء اليابان تلعب دورا قياديا في أسيا، والعمل مع كوريا الجنوبية كي تبقى متيقظة اتجاه الشمال، واستمرار التعاون مع استراليا، والمحافظة على القوات الأمريكية في منطقة جنوب شرق أسيا حفاظا على مصالحها ومصالح حلفائها. كما شددت الولايات المتحدة على ضرورة قيام كل من باكستان والهند بحل خلافاتهما، فهما من الدول الحليفة للولايات المتحدة، وقد تعززت العلاقة القوية بين أمريكا والباكستان بسبب اختيار الأخيرة الانضمام الى الحرب ضد الإرهاب، والتحرك نحو مجتمع أكثر انفتاحا وتسامحا، كما أن الهند تملك إمكانية أن تصبح إحدى أكبر الدول الديمقراطية في القرن الحادي والعشرين. أما أندونسيا فقد تمكنت من اتخاذ خطوات نحو ديمقراطية فعّالة واحترام حقوق الإنسان، وقبول مبدأ الأسواق المفتوحة، والتسامح مع اتجاه الأقليات الأثنية.

وهكذا تطرقت وثيقة الإدارة الأمريكية إلى جهود الصين وأشادت بقيام بكين بدور نشيط في الشؤون الدولية، غير أنها شددت على ضرورة أن تقوم بذلك بشكل مسئول، وعبرت واشنطن عن القلق بشأن تنامي القوة العسكرية للصين مشيرة الى إن الولايات المتحدة الأمريكية سوف «تستعد طبقا لذلك» لضمان حماية مصالحها ومصالح حلفائها.

7 - إفريقيا

تتمثل الأولوية الإستراتيجية للولايات المتحدة في إفريقيا في مكافحة

الإرهــاب العــالمي وتفرض المســاحة الإفريقيــة الواســعة وضــع استراتيجية أمنية تركز على التعاون الثنائي المشترك، وعلى بناء تحالفـات بين الراغبين من الدول. وستركز الاستراتيجية الأمريكيـة عـلى قيـام قـارة إفريقية تعيش بسلام وحرية وأمن، وستولي الولايات المتحدة وحلفاؤها الأوروبيون أهمية للدول الإفريقية المحورية مثل جنوب افريفيا، وكينيا وأثيوبيا ونيجيريا التي تشكل مرتكزا للتعامل الإقليمي. وعـلى الولايـات المتحدة تقوية الدول الهشة، ومساعدتها على إنشاء قدرة ذاتية لضمان أمن الحدود غير المحكمة وإنشاء البنى التحتية اللازمة لتطبيق القانون، وجمع الاستخبارات بغية حرمان الإرهابيين من الملاذ الآمن.

8 - القارة اللاتينية

وفقاً للإستراتيجية، ستقوم الولايات المتحدة مع حلفائها (المكسيك، البرازيــل، كنــدا، تشــيلي، كولومبيــا) بتعزيــز قيـام نصـف كـرة أرضـية دیمقراطیـة، وسـوف تتعـاون وتعمـل مـع مـؤتمر القمـة للأمريكيتين ومنظمة الدول الأمريكية ومؤتمر وزراء الـدفاع في الأمريكيتين لفائـدة كافة دول نصف الكرة الأرضية. هنـاك نزاعـات إقليميـة ناتجة عـن العنـف الـذي تمارسـه كـارتيلات المخـدرات تهـدد الأمـن والصحة في الولايات المتحـدة، لـذلك طـورت الولايات المتحـدة اسـتراتيجية نشطة لمساعدة دول جبال الانديز في تعديل اقتصادياتها وفرض القانون ودحر المنظمات الإرهابية، وقطع طـرق إمـداد المخـدرات. وبـالطبع في قلب هذه الإستراتيجية السياسة الأمريكية تجاه الهجرة.⁽¹⁾

---

(1) Edward Alden, Bernard L. Schwartz (op-ed), Obama's National

9 - روسيا

لم تعد الولايات المتحدة وروسيا عدوتين، فمعاهدة موسكو لتخفيض ترسانة الأسلحة الاستراتيجية بين البلدين ترمز إلى تغير حاسم في التفكير الروسي، وعلى الولايات المتحدة استغلال هذا التغير في إعادة تركيز العلاقات بينهما على المصالح والتحديات المشتركة. كما ستقوم الولايات المتحدة بتسهيل دخول روسيا إلى منظمة التجارة العالمية، وقد تم إنشاء مجلس الحلف الأطلسي- - روسيا، بهدف تعميق التحالف الأمني. وسوف تستمر الولايات المتحدة في استراتيجيتها الجديدة في دعم استقرار واستقلال دول الاتحاد السوفيتي السابق لأن دول مستقرة حول روسيا سوف تقوي دعائم اندماجها في المجموعة الأوروبية -الأطلسية. إلاّ أن هناك مواطن خلاف ما زالت موجودة تتمثل في تشكيك حول دوافع وسياسات الولايات المتحدة من قبل نخبة القادة الروس، والتفاوت في التزام روسيا بالقيم الأساسية لديمقراطية السوق الحرة، وسجلها الملتبس في محاربة انتشار أسلحة الدمار الشامل.

10 - أفغانستان:

لا توجد إستراتيجية جديدة لأفغانستان؛ ففي حملته الانتخابية وصف أوباما الحرب في أفغانستان بأنها "حرب ضرورية". وراجع أوباما إستراتيجيات التعامل هناك، مقراً سياسة مكافحة التمرد، لكن هذه السياسة

Security Strategy Could Upend Immigration Debate, New America Media, May 28, 2010, retrieved from:
http://www.cfr.org/publication/22238/obamas_national_security_strategy_could_upend_immigration_debate.html#

تتطلب وجود هيكل سياسي محلي قادر على تحقيق الحكمِ الجيد، فيما في ذلك الجيش والشرطة، إلا أن أفغانستان لا تملك مثل هذا الهيكل. بل إن ترويج الحل القائم على المزج بين مكافحة التمرد في كل من أفغانستان وباكستان، وإقناع الشعب الأمريكي به يعد تحديا على إدارة أوباما أن تواجهه. وقد أنهى أوباما عام 2009 بإرسال المزيد من القوات إلى أفغانستان، وقد يعتبر البعض هذه الخطوة ضرورة عسكرية، إلا أنها لا تشكل تغييرا تكتيكيا. كما حدث تغير في الخطاب الأمريكي بشأن باكستان التي أضحت الآن جزءا من المشكلة بدلا من اعتبارها حليف موال، وظهر ذلك من خلال مهمة مبعوث إدارة أوباما إلى المنطقة ريتشارد هولبروك، إلا أن هذا التوجه بدأ أساسا في ظل الإدارة السابقة.

وتتمحور الإستراتيجية الأمريكية الجديدة بشأن أفغانستان حول ثلاثة محاور أساسية هي:-

أولا: المحور العسكري:

وذلك عبر إرسال 30 ألف جندي إضافي يعملون في نفس الوقت على كسب المبادرة العسكرية من طالبان خصوصا في الجنوب الأفغاني، بالإضافة إلى الحفاظ على التجمعات السكانية وتدريب وتجهيز الجيش والشرطة الأفغانيين خلال العام ونصف العام القادمين، تمهيدا لنقل المهام الدفاعية والأمنية إليهما ليبدأ الانسحاب الأمريكي في منتصف عام 2011. وخلال هذه المدة تنوي الإستراتيجية الجديدة أيضا أن تتأكد من أن أفغانستان لن تكون مأوى آمنا للقاعدة وشل قدرتها على شن هجمات ضد الولايات المتحدة الأمريكية انطلاقا من أفغانستان.

ويشكل الإعلان عن تاريخ بدء الانسحاب العسكري الأمريكي من أفغانستان المفاجأة الأساسية في الإستراتيجية الجديدة، وهي خطوة اعتبرها المراقبون ذات استخدامات متعددة، حيث أراد أوباما أن يرسل رسالة واضحة للداخل الأمريكي المتململ من الحرب مفادها أن الحرب في أفغانستان لن تمضي- إلى ما لا نهاية، وذلك بهدف كسب تأييده خطته بإقرار زيادة الجنود، كما أنها رسالة لشركاء واشنطن في حلف الناتو حتى يتعاونوا معها في المهمة الأفغانية بشكل أكثر وضوحا، وكذلك للشعوب الأوروبية التي بدأت تضغط على حكوماتها للعودة من أفغانستان.

ويعتبر الإعلان عن الانسحاب أيضا رسالة واضحة للحكومة الأفغانية بأن تتعامل بجدية أكثر مع الوضع وأن تسرع الخطى في جهود تدريب وتجهيز قواتها الأمنية والدفاعية، وهي رسالة واضحة كذلك للأفغان أنفسهم بأن الأمريكيين لا ينوون احتلال بلدهم، ما قد يدفعهم للتعاون مع الأمريكيين في المرحلة الراهنة وتخفيف وطأة الكراهية تجاههم.. والحديث عن الانسحاب يمثل رسالة أخرى للقوى الإقليمية التي تشكك في نيات واشنطن للبقاء طويلا في أفغانستان لأغراض غير معلنة.

ثانيا: المحور المدني:

وذلك عبر التعاون بين المؤسسات الدولية - وخصوصا الأمم المتحدة - والحكومة الأفغانية لاستغلال الظروف الموجودة لمحاربة الفساد وإيجاد إدارة فعالة ورفع مستوى المعيشة المواطن الأفغاني مع التركيز على المجال الزراعي. وكان تحذير الرئيس أوباما واضحا من أن أيام الشيكات البيضاء قد ولّت وأن الولايات المتحدة وشركاءها جادون في محاربة الفساد

داخل نظام الرئيس كرزاي. وطالب أوباما الشعب الأفغاني بالتعاون في محاربة الفساد، وهو ما ظهر جليا كذلك في خطاب الرئيس كرزاي أثناء تأديته للقسم لفترة رئاسية ثانية، حيث أكد على أن محاربة الفساد تأتي على رأس أولوياته في الحكم خلال السنوات الخمس القادمة من حكمه، وهو أمر يشكك الكثير من الأفغان في تحقيقه خلال هذه الفترة الوجيزة.

ثالثا: المحور الإقليمي:

وذلك عبر التأكيد على الدور الباكستاني في محاربة الإرهاب والقاعدة وبناء علاقات أكثر متانة مع الحكومة الباكستانية ودعمها كشريك إستراتيجي في المنطقة. ويأتي الاهتمام بباكستان انطلاقا من رؤية الحزب الديمقراطي الأمريكي للحرب على القاعدة والتي تعتبر أفغانستان وباكستان مسرحا واحدا للعمليات.

ومن المتوقع أن يستمر هذا التوجه، وبشكل أعمق، مستقبلا بحيث تحظى باكستان بدور أكبر في إدارة الصراع في أفغانستان في ظل غياب الولايات المتحدة الأمريكية، وهو نفس السيناريو الذي حدث في عهد الرئيس كلينتون، غير أن واشنطن لن تولي ظهرها كليا للمنطقة هذه المرة ولن تعطي تفويضا أو وكالة مفتوحة لإسلام أباد.

المبحث الثالث: الاختلاف والتجديد في استراتيجية اوباما

تميـزت اسـتراتيجية أوبامـا بمزجهـا بيـن التصـور المثـالي في أهـدافها ومنطلقاتها والتصور الواقعي في وسـائل وآليات تحقيـق الأهـداف التـي أكدتها. فهي تتحدث عن ضرورة نشر القيم والمبادئ الأميركية من حرية وعدالة وديموقراطية، وهي قيم ومبادئ في حقيقتها تحمل تصوراً مثالياً للعالم، ولما يجب أن يكون عليه، وهو تصور غالب في جُل اسـتراتيجيات الأمـن القومي الأميركية. ولكن الاستراتيجية في الوقت ذاته تتحدث عـن إدراك العالم «كما هو» والتعامل مع قضاياه وتحدياته القائمة.

وهـذا التصـور الواقعـي يقـوض مـن الطمـوح الأميـركي بتغييـر العـالم، والذي كان التصور الأبرز في استراتيجيتي الرئيـس بـوش للأمـن القومي لعامي 2002 و2006، إضافة إلى إقرارها بحدود القوة الأميركية بخاصـة في نظام دولي في طـور التحـول وتغيـر في موازيـن القـوى بصـعود قـوى دولية جديدة. فاستراتيجية إدارة أوبامـا هـي بمثابـة تحـول في الفكـر والممارسة الأميركيين اللذين سادا خلال السنوات الثماني لحكم الرئيس بوش وأقطابها من المحافظين الجدد، ولكنه ليس تحولاً راديكالياً جذرياً. فقد أعادت الاستراتيجية الجديدة إنتاج القديم في ثوب جديد، وفي حال تطبيقها فإنها لن تختلف إلا في القليل عن السياسة الخارجية الأميركيـة للرئيسين السابقين بيل كلينتون وجورج دبليو بوش.

وفي حقيقـة الأمـر تتبنـى اسـتراتيجية أوبامـا للأمـن القومي سياسـة متبعـة منـذ فتـرة طويلـة فهـي لا تمثل تغيـراً راديكاليـاً اسـتراتيجياً في المقاربات والسياسات الخارجية الأميركية و لا يجدر بنا توقع أي تغييـر اسراتيجي

جذري راديكالي في استراتيجيات الأمـن القـومي والتفكـير والممارسـة الأميركية طالما أنها في نهاية المطاف تحقق المصلحة الأميركية.

هنـاك تبـاين واضـح عـن الإدارة السـابقة بـالتخلّي عـن استراتيجية الحروب الاستباقية التي سقطت في عهد بوش الابن أصلاً وراوحت عند أفغانسـتان والعـراق. تتجـاوز الإدارة الجديـدة فكـرة تغيـير الأنظمـة الراديكالية او المحافظة وتخرج ما اعتبرته "الخطر الإسلامي" مـن قائمـة التحديات لتحصر ـ معركتها مـع" الإرهاب" الـذي مـا زال ملتبسـاً مـع "تنظيم القاعدة" ودول "محور الشرـ"، و لا تـتردد الوثيقـة في تسـمية "إيران وكوريا.

1 - سمات التجديد في استراتيجية اوباما:

● يظهـر التجديـد في الابتعـاد الواضـح عـن الأسـلوب العسـكري الاحادى، و الـذى يعـرف أيضا بسياسـة الضربـة الاستباقية، الـذى اتبعه سلفه جورج دبليو بوش خلال السنوات الثمانى مـن رئاسـته عقب هجمات 11 سبتمبر 2001 ضد برجي التجارة في نيويورك وضرب البنتـاجون. فقالـت الوثيقـة ان "الولايـات المتحـدة تظل الدولة الوحيدة القادرة عـلى تخطيط ودعـم عمليـات عسـكرية واسعة النطاق عـلى مسـافات واسعة. بيـد اننا عنـدما نفرط فى استخدام قوتنا العسـكرية، او نفشـل فى اسـتثمار او نشر ـ الادوات المكملـة، او نتصرـف بـدون شركاء، فـإن جيشـنا يتعـرض حينئـذ للانهاك. ان الامريكيين يتحملون عبئا اعظم، وقيادتنا حول العـالم على معرفة ضيقة جدا بالقوات العسكرية الأخرى". ويبرز بوضوح في إستراتيجية الأمن القومي الأمريكي للرئيس باراك أوباما،

التخلي عن سياسة الحرب الوقائية التي انتهجها جورج بوش. [1]

- كما أنه من الأشياء التي أقرها الرئيس أوباما وحكومته هي أنهم يجب أن يتعاملوا مع العالم كما هو قائم. فالنهج الاستراتيجي الجديد يقوم على أساس عوامل متعددة: إعادة بناء الأمة وإدراك أن الأمن القومي يبدأ في الوطن، والتواصل الشامل، وإدراك أنه لا توجد دولة واحدة تستطيع مواجهة التحديات العالمية بمفردها، والدعوة إلى نظام عالمي، وتعزيز ودمج القدرات القومية. ومن جانبه، صرح السناتور جون كيري رئيس لجنة العلاقات الخارجية بمجلس الشيوخ الأميركي بأن إستراتيجية أوباما تعيد إحياء النهج القائم على الحقائق للوفاء بمقتضيات الأمن الأميركي. وأضاف: «إن الرئيس يدرك أننا لا نستطيع أن نحقق العالم الذي نريده إن لم نكن ندرك كُنه العالم كما هو قائم الآن، وهذه التركيبة التي تمـزج بين المثالية والواقعية هي أساس إستراتيجيته. [2]

- طرحت الوثيقة أيضاً منهجا دبلوماسيا جديدا للحفاظ على أمن الولايات المتحدة الأمريكية يتمثل بالتأكيد على إعطاء الأولوية للدبلوماسية متعددة الأطراف والجوانب التنموية والاقتصادية وليس للقوة العسكرية في محاولة لإعادة صياغة النظام العالمي الراهن. ولتوضيح هذه المبادئ قالت وزيرة الخارجية الأمريكية هيلاري كلينتون في كلمة في

---

(1) د.غازي فيصل حسين، إستراتيجية الأمن القومي الأمريكي: دبلوماسية متعدِّدة الأطراف، صحيفة الشمس.

(2) المرجع السابق.

معهد بروكينغز في واشنطن إن الإستراتيجية الجديدة تدعو إلى التواصل مع كل الدول وتشجيع التنمية الاقتصادية. وقالت كلينتون: «يجب أن يكون لنا وجود قوي في المجالين الدبلوماسي والتنموي». مما يفرض على الإدارة الأمريكية تعزيز دور المؤسسات والمنظمات الدولية وبلورة العمل الجماعي الذي يخدم المصالح المشتركة للأمم والشعوب والدول، مثل محاربة التطرف المتصل بالعنف ووقف انتشار الأسلحة النووية وتأمين المواد النووية وتحقيق نمو اقتصادي متوازن ومستدام وإيجاد حلول تعاونية لمواجهة خطر التغير المناخي.

- إضافة لما تقدم أعادت إستراتيجية الأمن القومي الأمريكي التأكيد على تعهدات الرؤساء الأمريكان السابقين بالحفاظ على التفوق العسكري التقليدي للولايات المتحدة. لقد بلورت الإستراتيجية الجديدة اعتماد «دبلوماسية القوة الناعمة» بدلا من «دبلوماسية رعاة البقر». وفي معرض تحليلها، أمام معهد بروكينغز للإستراتيجية الأميركية الجديدة للأمن القومي بينت وزيرة الخارجية هيلاري كلينتون إن الولايات المتحدة بحاجة إلى استخدام قوتها الدولية ولكن بشكل مختلف، ولا يمكنها الاعتماد فقط على ما وصفته بالنموذج العسكري للدبلوماسية. ولتوضيح جوهر السياسة الخارجية الأمريكية قالت «نحن لسنا أقل قوة، لكننا بحاجة إلى استخدام قوتنا بأشكال مختلفة. فنحن الآن نتحول من الاستخدام والتطبيق المباشر للقوة إلى مزيج أكثر تطورا يتم خلاله استعمال القوة والنفوذ بشكل غير مباشر. لذلك فإن القوة الذكية ليست مجرد شعار وإنما في الواقع تعني شيئا. » فالجيش الأميركي الذي

يخوض حربين في العراق وأفغانستان..[1] أصبح يدرك اليوم محدودية استخدام القوة وعدم جدوى عسكرة الوجود الأميركي في مناطق الصراع. وأضافت موضحة، إن أحد الأخطاء التي ارتكبت خلال عهد الإدارة السابقة هي «أننا عَسْكرنا الوجود»، لكننا اليوم «لا نستطيع الاستمرار في نموذج عسكري للدبلوماسية والتنمية، فيما نتوقع تحقيق النجاح في قضايانا الأخرى التي ننخرط فيها مع بقية الحكومات». لأن المصالح الأميركية وفق تصور هيلاري كلينتون: تتعزز بالحفاظ على القيم الأميركية بما فيها الديمقراطية وبناء التحالفات وتعزيز التنمية والاقتصاد، مشددة على أن الولايات المتحدة لا تستطيع الاستمرار في عجزها المالي وديونها الحالية دون فقدان النفوذ وخيارات صنع القرار. وهذا يعني إن على إدارة الرئيس بارك أوباما إعطاء أولوية قصوى «لخفض العجز مع السيطرة على الديون باعتبارها قضايا أساسية لأمننا القومي».[2]

- الجديد أيضا في الإستراتيجية الأخيرة هو أنها حددت التحديات التي تمس الأمن القومي الأمريكي بصورة أكثر وضوحا وما يجب فعله لمواجهة ذلك داخليا كأولوية من خلال حماية البنية التحتية الأمنية، واتباع مبادرات جديدة لدعم القدرات الأمنية، كما حددت ما يجب فعله خارجيا من خلال التركيز علي قضيتين أساسيتين، هما حرمان الدول والجماعات المعادية من امتلاك أسلحة الدمار الشامل من خلال برامج

(1) المرجع السابق.

(2) المرجع السابق.

تستهدف بالدرجة الأولى تأمين المواد التي تستخدم لتصنيع الأسلحة النووية بنهاية عام2013، وكذلك حظر انتشار المعلومات والمعارف التي تساعد علي تطوير البرامج النووية، ضمن أجندة للأمن القومي الأمريكي متعددة المحاور، والقضية الثانية، محاربة وتفكيك تنظيم القاعدة والمنظمات المرتبطة به في اليمن والصومال والعراق وباكستان ودول الساحل الإفريقي. [1]

2 - التقييم:

لا تختلف ادارة الرئيس الامريكى باراك اوباما عن غيرها وهو ما وضح من تقرير استراتيجية الأمن القومي (أو ما يطلق عليه التقرير الرئاسي الاول بشأن استراتيجية الأمن القومى)، فلا جديد في أهداف الأمن القومي الأمريكي. كما تبقي الوثيقة على امكانية شن عمليات عسكرية احادية الجانب من قبل الولايات المتحدة لكن بشروط اكثر صرامة من تلك التي تنص عليها سياسة جورج بوش. وهكذا فإن الجديد الذي قدمته الإدارة الأمريكية في عهد الرئيس أوباما حتى الآن لا يزال على المستوى الرمزي وبشكل خاص فيما يتعلق باستخدام مصطلحات معينة وبروح تعامل الإدارة الأمريكية مع العالم الإسلامي. وهكذا يعود الفضل إلى الرئيس باراك أوباما في تحسين خطاب السياسة الخارجية الأميركية، لكنه ما زال يخوض غمار حروب لم تنته في أفغانستان والعراق ومواجهة الملفات النووية المعقدة مع إيران وكوريا الشمالية وجهود السلام المتعثرة في الشرق الأوسط، لأن التزام واشنطن بأمن «إسرائيل ثابت لا يتزعزع والعلاقات الدفاعية هي

_____

(1) د. محمد مجاهد الزيات، مرجع سابق.

الآن أقوى من أي وقت مضى، وللمصلحة المتبادلة للدولتين»، وفق ما جاء في إستراتيجية الأمن القومي الأمريكي.

لقد كانت التوقّعات من الإدارة الأمريكية الجديدة كبيرة، توقّعات بتغييرات أساسيّة في السياسة الخارجية الأميركية عموماً وفي منطقة الشرق الأوسط خصوصاً. لكن ما حصل من تغييرات حتى الآن هو في الأفكار والمبادئ العامة المعلَنة للسياسة الخارجية الأميركية وليس في مجال تبني إستراتيجية فعالة لمعالجة المشكلات الاقتصادية والمالية الخطيرة التي تهدد الاستقرار الدولي وتعرض الأمن العالمي لاستمرار الحروب والنزاعات التي تستنزف الطاقات والموارد وترفع من معدلات الفقر والبطالة. صحيح أن الإدارة الحالية لم تكن مسؤولة عن اندلاع الحروب والأزمات التي تورطت فيها الولايات المتحدة حالياً، لكنّها لم تفلح بإيجاد حلول حاسمة لإيقاف هذه الحروب والأزمات القائمة. باستثناء التحوّل المؤثر في العلاقات الأمريكية الروسية، والتوافق الذي جرى بين موسكو وواشنطن على مسائل دولية وأمنية عديدة كان مدخلها إلغاء واشنطن لمشروع الدرع الصاروخي في أوروبا الشرقية والتوقيع على اتفاقية ستارت الجديدة في 8 أبريل 2010 لخفض عدد الرؤوس النووية. فقد نصت اتفاقية ستارت الجديدة على تخفيض الحدود القصوى للرؤوس الحربية الهجومية الإستراتيجية للبلدين بنسبة 30%، والحدود القصوى لآليات الإطلاق الإستراتيجية بنسبة 50% بالمقارنة مع المعاهدات السابقة. أعادت معاهدة ستارت الجديدة التعاون والقيادة المشتركة بين الولايات المتحدة وروسيا في مجال ضبط الأسلحة النووية وحققت تقدماً في العلاقات بين الولايات المتحدة وروسيا، وحافظت على المرونة التي تحتاج إليها الولايات المتحدة لحماية أمنها وأمن

حلفائها.[1]

وهكذا فإن جوهر السياسة الخارجية الأمريكية هو تحقيق المصلحة القومية العليا للبلاد، وأن التوسع الأمريكي الإمبراطوري ليس وليد أحداث 11 سبتمبر، وإنما هو مرافق لمسيرة أمريكا تاريخيًا؛ فالقوة مكون أساس من مكونات النموذج الأمريكي، لكن هذا التوجه اكتسب أبعادًا أكثر خطورة منذ وقوع هذه الأحداث، التي مثلت فرصة ذهبية لتطبيق أفكار المحافظين الجدد الداعية إلى استخدام كل عناصر القوة المتاحة لفرض الهيمنة الأمريكية على العالم، وهو الأمر الذي عبر عنه دونالد رامسفيلد بوضوح قائلاً: إن الحادي عشر ـ من سبتمبر أحدث ذلك النوع من الفرص التي وفرتها الحرب العالمية الثانية من أجل إعادة صياغة العالم، كما ساهمت تلك الأحداث في إضفاء نوع من المشروعية على عملية الاستفراد بالسياسة العالمية من قبل الولايات المتحدة، وتكريس نظام القطبية الأحادية الذي ولد فعليًا بعد حرب الخليج الثانية عام 1991، لكنه بقي ـ بسبب افتقاره للشرعية ـ غير قادر على الإفصاح الحر عن نفسه حتى تاريخ الحادي عشر ـ من سبتمبر. ومن اللافت للنظر أنه بمراجعة الإستراتيجية الجديدة نلحظ مايلي[2]:

- إن المحاور الرئيسية لها هي نفس التي تضمنتها الإستراتيجية السابقة، و لا يزال محور الأمن هو المحور الحاكم، وبدلا من الحملة الدولية علي الإرهاب تحدثت هذه الإستراتيجية حول خطر أساسي وهو تنظيم

---

(1) د.غازي فيصل حسين، مرجع سابق.

(2) د. محمد مجاهد الزيات، مرجع سابق

القاعدة، وجعلت من الأهداف الرئيسية العمل علي تفكيك هذا التنظيم والمنظمات المرتبطة به، والتركيز علي القاعدة كعدو رئيسي وإن كان له ما يبرره من ضرورات الأمن الأمريكي والعداء بين أمريكا والقاعدة، إلا أن ذلك يبرر في الوقت نفسه التورط الأمريكي المتزايد في أفغانستان خاصة وأن الإدارة الحالية هي التي اتخذت قرار زيادة حجم القوات هناك. بالتالي تحتاج إلي دمج هذا القرار ضمن منظومة متطلبات الأمن القومي الأمريكي.

- تضمنت هذه الإستراتيجية سياسة وقائية تتركز حول تمكين القوي المختلفة في المجتمع الأمريكي لمواجهة الفكر المتطرف من خلال برامج لدمج تلك القوي والجماعات خاصة الإسلامية في المجتمع الأمريكي، دون إثارة العداء والتوتر معها وهو أمر ينسجم مع الرؤية الشاملة للرئيس أوباما تجاه الإسلام.

- إن تلك الإستراتيجية خاصة في منطقة الشرق الأوسط لاتزال في حدودها السابقة وترتكز علي ضمان أمن وتفوق إسرائيل وتحقيق أمن الطاقة، سواء فيما يتعلق بتأمين واستخراج وتدفق البترول، أو ما يتعلق بتأمين انتقال ومسار البترول إلي الدول المستهلكة، بما يتضمن ذلك من اتخاذ ترتيبات تكفل تحقيق الأمن في الخليج والبحر الأحمر، حسب وجهة نظرها. وحول تسوية الصراع العربي الإسرائيلي تؤكد الإستراتيجية الجديدة التزاما واضحا بأمن إسرائيل، والجديد هو النص علي تبني ودعم الإستراتيجية الجديدة لمبدأ يهودية الدولة الإسرائيلية وهو هدف استراتيجي إسرائيلي يخل بتوازن الموقف الأمريكي وجهود التسوية، حيث إن مبدأ يهودية دولة إسرائيل يعني ضمن ما

يعنيه إغلاق الباب أمام قضايا الحل النهائي، خاصة قضية اللاجئين، وتضمنت مواقف أكثر عمومية فيما يخص الجانب الآخر، فهي تتحدث عن تحقيق تطلعات الشعب الفلسطيني في دولة مقبولة دون تحديد التزام واضح بتحقيق ذلك، وتتحدث عن مفاوضات الوضع النهائي والتي ستتناول القدس والحدود واللاجئين كقضايا للتفاوض وهو نفس ما تحدثت عنه إستراتيجية الأمن القومي الصادرة عام2006 بصورة عامة.

- فيما يتعلق بالعراق، الجديد أن الإستراتيجية الجديدة، أكدت وحدة العراق دون تحديد لطبيعة هذه الوحدة، وتوافقت بعد ذلك مع ما ساد في الإستراتيجية السابقة، لكن بصورة أكثر تفصيلا ترتكز علي تحقيق الانسحاب كما هو مقرر في الاتفاقية الأمنية الموقعة بين البلدين، ومن خلال ثلاث مراحل تتضمن الأولي تحقيق الأمن عن طريق نقل المسئولية الكاملة للقوات العراقية التي ستواصل تجهيزها وتدريبها وتقديم المشورة لها، والانتقال بعد ذلك للمرحلة الثانية والخاصة بالاتفاق الاستراتيجي مع العراق في قضايا التعاون الأمني والدفاع والتعاون في القضايا السياسية والأمنية في المنطقة، والمرحلة الثالثة هي صياغة منظومة إقليمية مع دول الجوار لدعم الاستقرار والأمن في العراق بعد انسحاب القوات الأمريكية، إلا أن الملاحظ هنا أن الشأن العراقي، تراجع في الإستراتيجية الجديدة لصالح الاهتمام والتركيز بالشأن الأفغاني والباكستاني ومواجهة تنظيم القاعدة في مناطق أخري، وهو ما يعني تراجعا واضحا في حجم الالتزام الأمريكي والمسئولية فيما يتعلق بتحقيق الاستقرار في العراق.

- واصلت الإستراتيجية الاهتمام بنشر الديمقراطية وحقوق الإنسان من خلال مقاربة جديدة، حيث نصت علي أن الولايات المتحدة ترفض الخيار الزائف بين السعي الضيق لتحقيق مصالحها وشن حملة لا نهاية لها لفرض قيمها، وأكدت أن الأكثر تأثيرا في العالم أن تعيش أمريكا هذه القيم في داخلها حتي تقدم نموذجا يحتذي به في الدول الاخري.

- جاء الحديث عن استخدام القوة العسكرية في الاستراتيجية الجديدة مغايرا للاستراتيجية السابقة، فأشارت إلي أن استخدام القوة العسكرية ضرورة إلا أن الولايات المتحدة ستعتمد كافة الخيارات المطروحة قبل البدء باستخدام القوة، إلا أن هذا التغيير ــ يبقي في تقديري نظريا إلي حد كبير، إذا ما انتبهنا إلي الاستراتيجية العسكرية الأمريكية التي أعلنت منذ شهور والتي تضمنت إقامة منظومة دفاعية تشمل منطقة الشرق الأوسط، وتوسيع صلاحيات أجهزة المخابرات، والقيادة العسكرية الوسطي بالتحديد للقيام بعمليات سرية وعسكرية بالتشاور مع دول في مناطق تري واشنطن أنها تحقق مصالحها، وكذلك القيام بعمليات دون استئذان تلك الدول عند الضرورة.

هكذا نري أن الإستراتيجية الجديدة تكشف عن ملامح السياسة الأمريكية خلال السنوات الأربع القادمة، والتي تؤكد ثبات المصالح والتوجهات الرئيسية الأمريكية مع تغير في السياسات والمقاربات التي تستهدف تحقيقها.

وبشكل عام فإنه في مجال السياسة الخارجية أنه لم يحدث أي تغير جوهري. ورغم ما كتب عن توجهات أوباما السلمية وكراهيته للمغامرات

العسكرية في الخارج، فهو لم يقم حتى الآن بتعديل السياسة الأمريكية في العراق على نحو ملحوظ، نعم هناك تخفيض للوجود العسكري الأمريكي في العراق. الخطاب الأكثر وضوحا لأوباما كان في حالة إيران، صاحبة الأحداث الأكثر إثارة، إذ مد أوباما يده بالسلام إلى النظام الإيراني، وعرض على زعمائه الاجتماع بهم، بل وتعامل مع الصعود المفاجئ للمعارضة بقدر كبير من اللامبالاة.

الفصل الثالث
ملامح السياسة الخارجية الأمريكية في بعض المناطق

الفصل الثالث
ملامح السياسة الخارجية الأمريكية في بعض المناطق

المبحث الأول : السياسة الخارجية الأمريكية تجاه العالم العربي

(منطقة الشرق الأوسط)

تعاني السياسة الخارجية الأمريكية إزاء العالم العربي الذى تتناوله باسم "الشرق الأوسط" لتضم اليه اسرائيل –واحياناً ايران - من ظاهرة الخلل وعدم التوازن المصحوب بالأخطاء الفادحة ويعود السبب في ذلك إلى الطبيعة والآليات المتحيزة المستخدمة في فعالية صنع القرار في السياسة الخارجية الأمريكية أولاً، وثانياً في تحيز الأطراف التي ظلت تتخذ قرار السياسة الخارجية الأمريكية الشرق أوسطية. وأبرز نقاط ضعف السياسة الخارجية الأمريكية الشرق أوسطية تمثل في الآتي:

- عدم الوضوح: تغلب على صيغ وعبارات قرار السياسة الخارجية الأمريكية الشرق أوسطية اللايقين والغموض وتكرار العبارات والمفردات التي تتميز بالعمومية.

- عدم الاتساق: قرارات السياسة الخارجية الأمريكية الشرق أوسطية لا تنسجم مع مبدأ حماية المصالح الأمريكية الشرق أوسطية.

- عدم الاستمرارية: لا يوجد منظور استراتيجي واحد مستمر للسياسة الخارجية الشرق أوسطية ويتغير هذا المنظور كلما تغيرت الإدارات الأمريكية وكلما تغيرت المطالب الإسرائيلية.

- عدم التوافق: لا تتماشى قرارات السياسة الخارجية الشرق

81

أوسطية مع الواقع الميداني الشرق أوسطي.

- عدم التكيــف: تعبر قرارات السياسة الخارجية الأمريكيـة الشرق أوسطية عن عدم القدرة على التكيف بما أدى إلى عدم نزوع هذه القرارات إلى تصحيح القرارات الخاطئة السابقة. [1]

وأثناء الحرب الباردة، وبالتحديد منذ عـام 1971، حلت الولايات المتحدة محـل بريطانيا في حماية المصالح الغربية في منطقة الشرق الأوسط. وتمثلت الإستراتيجية الغربيـة في الحفـاظ عـلى أمـن واستقرار المنطقة، وضمان استمرار تدفق النفط إلى العالم الغربي، ومنع الاتحـاد السوفياتي من الوصول إلى آبار النفط الخليجية، وذلك انطلاقاً من واقع أن من يسيطر على تلك الآبار، انما يسيطر على مفتـاح القوة في العالم. ومع تسلم الولايات المتحدة مسؤولية تنفيذ تلك الاستراتيجية، تبلور لـدى القيـادة الامريكيـة وفي سـياق سياسـات الحرب البـاردة هـدف استراتيجي آخر هو اخضاع عمليـة تـدفق النـفط للعـالم الغربي للقوة الامريكية بحيث تكون الولايات المتحدة هـي المتحكمة في وصوله إلى اوروبا واليابان بدرجة رئيسة، وذلك في محاولة لضمان عدم قيام أي من دول اوروبـا الغربيـة باتخـاذ سياسـات حياديـة أو وفاقيـة مـع الاتحاد السوفياتي.

واعتمدت الولايات المتحدة في ذلك على سياسة الاعتماد على القوى الاقليمية المحلية للحفاظ على امن واستقرار المنطقة، وبلورت ما عـرف بمبدأ نيكسون الـذي يقـوم عـلى اسـتراتيجية "الـدعامتين" المتمثلة في الاعتماد على ايران والسعودية لضمان تلك الاهداف. غير ان السياسة الامريكية ما

---

(1) تيسير قاسم، مرجع سابق.

لبثت أن تبدلت مع قيام الثورة الايرانية عام 1979، حيث صدر مبدأ كارتر الذي ينص على التدخل الامريكي المباشر وتسلم مسؤولية الحفاظ على امن واستقرار المنطقة وتدفق النفط منها من خلال الوجود العسكري الامريكي المباشر في المنطقة وفقاً للحاجة. وفي سياق تلك السياسة الجديدة، تم تشكيل ما عرف باسم قوات التدخل السريع. وقد دخل بعض الدول الخليجية العربية منذ ذلك الحين في ارتباطات سياسية وعسكرية مباشرة مع الولايات المتحدة في مقدمتها سلطنة عمان والبحرين اللتان التزمتا بتقديم التسهيلات العسكرية للقوات الامريكية في اراضيهما، بينما اقتصر الموقف السعودي على منح الولايات المتحدة حق استخدام قاعدة الظهران الجوية، وتقديم تسهيلات لتلك القوات، وامكانية الموافقة على تقديم تسهيلات اخرى في الظروف الطارئة، وحذت الامارات وقطر حذو السعودية في هذا المجال. وفي الوقت الذي لم تعقد فيه أية دولة خليجية معاهدة دفاع مشترك مع الولايات المتحدة في ذلك الحين، فقد كان هناك اتفاق على الاستنجاد بالقوات الامريكية عند حدوث اخطار امنية مع تجنب دخول القوات الامريكية بالقوة إلى اراضي اية دولة من هذه الدول. أى أن مبدأ كارتر نجم عنه تبدل جذري في السياسيات الامريكية إزاء منابع النفط في الخليج، في مقدمتها اخراج الخليج من دائرة الصراع الدولي إلى دائرة الامن القومي الامريكي، والغاء فكرة الاعتماد على القوى الاقليمية للدفاع عن امن الخليج ونبذ فكرة الحاجة إلى اصدقاء اقوياء فيه. وتطبيقاً تم ترجمة ذلك الى التواجد الامريكي المباشر، الذي تبلور على صعيد التطبيق خلال الحرب العراقية - الايرانية، واصبح الهدف الامريكي هو الحيلولة دون احتمال بروز اية قوة اقليمية في الخليج، وهو ما تجلى في السياسيات الامريكية إزاء الحرب العراقية -

الايرانية، ثم حرب الخليج الثانية، والتي ما لبثت أن تبلورت على شكل سياسة الاحتواء المزدوج لكـل مـن ايران والعـراق. هـذا مـع العلم أن الولايات المتحدة لا تستورد من نفط الخليج لا ستهلاكها الخـاص سـوى 5% من حاجتها، بينما تستورد اوروبا الغربية نحـو 35% واليابـان نحـو 65% من احتياجاتهما من الخليج.

وللولايات المتحدة الأمريكية مشروع كبير تهدف لإنجـازه في الشرق الأوسط اطلقت عليه منذ سنـوات باسم "الشرق الأوسط الجديـد أو الكبير" الذي تبنته إدارة بوش، وتم الإعلان عنه في يونيو 2004 من قِبل مجموعة الدول الثماني الكبرى، والذي هدف إلى إعادة صياغة خريطـة جيوسياسية جديدة تعيد ترسيم الحدود والتوازنـات في منطقـة الشرق الأوسط والعالم الإسلامي. وفي هذا السياق أيضًا جاء الاهتمام الأمريكي الواسع بضرورة تطبيق الديمقراطية والإصلاح السياسي في العالمين العربي والإسلامي استنادًا إلى قناعة مؤداها أن تحول النظم العربية والإسلامية إلى نظم ديمقراطية سيقضي على الإرهاب، ويحسن بالتالي وضع الأمـن القومي للولايات المتحدة. فقد وصل الهوس الأمريكي بتسويق مفاهيم الحرية والديمقراطية إلى حد أن الرئيس بوش استخدم كلمة ديمقراطيـة نحو 1012 مـرة خـلال الفتـرة مـن 2001 - 2005، كـما استخدم كلمـة الحرية والمجتمع الحر 823 مرة. ولكن هذا الاهتمام الأمـريكي بقضية الديمقراطية لم يكن يهدف، إلا لتوفير مبرر للتـدخل في شـؤون المنطقـة؛ بدليل أن الولايات المتحدة كانت تتعاون في حربهـا عـلى الإرهـاب مـع أنظمة عسكرية واستبدادية، كما أنها عارضت التوجهـات الديمقراطيـة التي لا تتفق مع مصالحها، ومـن ذلك نتائج الانتخابات الفلسطينية التي فازت بها حركة

حماس.

والاحتلال الأمريكي للعراق لم يكن سوى جزء من رؤية إستراتيجية أمريكية لإعادة ترتيب الأوضاع في الشرق الأوسط من منظور المصلحة القومية الأمريكية، استنادًا إلى فكرة مؤداها أن احتلال العراق وإقامة نظام حكم ديمقراطي علماني فيه سيكون مقدمة للتغيير الشامل في العالم العربي.

في نفس الوقت توالى ظهور النتائج السلبية للحملة الأمريكية ضد الإرهاب فتحول شعار الحرب على الإرهاب إلى مسوغ لانتهاك القانون الدولي ومبادئ حقوق الإنسان من قبل العديد من الدول الغربية التي تفخر بدفاعها عن هذه الحقوق والحريات الأساسية، كما وجدت فيه العديد من الدول غير الديمقراطية ملاذًا لاستمرار سياساتها القمعية، بل إن الولايات المتحدة نفسها مارست ضغوطًا على بعض الدول لاتخاذ إجراءات غير ديمقراطية، أمنية وسياسية، ضد قوى وأحزاب معينة، وطالبت بالتدخل لمنع الصحف من توجيه انتقادات للسياسة الأمريكية، هذا فضلاً عن الانتهاكات الواسعة التي قامت هي نفسها بها للقانون الدولي الإنساني خلال الحرب على الإرهاب، وأعمال التعذيب الواسع التي مارستها بحق المعتقلين في سجون أبو غريب وجوانتانامو وغيرها.

وعززت عدة لوبيَّات عدائية أمريكا تجاه العالم الخارجي، وخاصة الشرق الأوسط العربي المسلم، ودفعتها، أكثر فأكثر، إلى الهيمنة على العالم، من هذه اللوبيَّات: اللوبي اليميني الذي يضم تحت جناحه مجموعة من التيارات المحافظة والمسيحية المتشددة، وقد وجد هذا التيار في أحداث 11سبتمبر فرصة ذهبية لفرض مفاهيمه ورؤيته المتطرفة، والثأر لما لحق

بأمريكا. واللوبي النفطي، فكبرى الشركات النفطية موجودة في أمريكا، وأكبر دولة في الصناعات النفطية هي أمريكا. وهذا يعني أن النفط يحتل مكانة مهمة في السياسات الأمريكية. فاللوبي النفطي كثيراً ما يمارس ضغطًا مؤثرًا في صياغة السياسة الأمريكية، وذلك عبر تمويل بعض الحملات الانتخابية ومراكز الدراسات الاستراتيجية. وبالطبع يقف هذا اللوبي وراء تصعيد النزعة العدائية الأمريكية ضد الشرق الأوسط، وإعلان أمريكا الحرب على العراق عام 2003م.

وقد اتجهت الولايات المتحدة إلى التخفيف من حدة الاستقطاب الذي يسيطر على منطقة الشرق الأوسط منذ غزو العراق، اعتقاداً منها بأن ذلك يخدم المصالح الأمريكية على وجه أفضل، واتخذت من محاولات فتح الحوار مع إيران خطوة أولى. ولعل هذا النهج الأمريكي الجديد هو محور خلاف رئيسي- بين واشنطن وتل أبيب، حيث إن الأخيرة ترى أن تصنيف المنطقة تصنيفا جامدا وحادا ما بين معتدلين ومتطرفين مفيد لها، لأنه لأول مرة خُلق توافق عربي إسرائيلي حول خطر ما مشترك (الخطر المتصور هنا هو إيران)، الأمر الذي يخدم أمن إسرائيل أكثر. إلا أن الجديد الآن هو المنهج الأمريكي للتعامل مع الفاعلين "الإسلاميين" الذين يرفعون راية المقاومة بفتح أبواب الحوار وإنهاء عهد المواجهة الشاملة الحادة العنيفة، واللجوء إلى أدوات أخرى للضغط أكثر فعالية. واستغلت الإدارة الأمريكية حتى الآن دوائر حكومية أو تشريعية أمريكية وأوروبية من أجل طرق الأبواب. وقد أقلق هذا التوجه حلفاء الولايات المتحدة المعتدلين؛ فكان لابد من التحرك الأمريكي على مسارين: مسار مد جسور التفاهم مع دول مثل إيران وسوريا (وبدرجات متفاوتة مع حماس وحزب الله)، وفي نفس الوقت

السعي إلى تهدئة وطمأنة الحلفاء. فكانت مصر ـ الخيار الوحيد في داخل العالم العربي، خاصة بعد أن تم استرضاء تركيا (كدولة إسلامية غير عربية) من قبل بإلقاء أوباما خطاب في البرلمان التركي في أبريل 2009، وترضية السعودية بزيارة خاطفة للرئيس الأمريكي قبل توجهه إلى مصر.

وجعل الرئيس أوباما من مكافحة الإرهاب جزءا من سياسته في الشرق الأوسط، وليست المحرك الاساسي لهذه السياسة. كما أكدت إدارة أوباما بأن إنشاء دولة فلسطينية إلى جانب إسرائيل سيؤدي إلى إزالة الكثير من الشكوى الفلسطينية بشأن التحيز الغربي ضد المسلمين. ووصف الرئيس أوباما مشكلة الشرق الأوسط "بالمشكلة المحورية لأزمات المنطقة"، وذلك على خلاف العادة للإدارة السابقة، التي كانت تعتبرها إحدى أزمات المنطقة شأنها شأن أزمة لبنان أو أزمة العراق وأزمة إيران.

وعلى ذلك قام أوباما بتعيين السيناتور السابق جورج ميتشيل مبعوثا خاصا إلى الشرق الأوسط، ليتولى إعادة تحريك مفاوضات السلام، إلا أن الأمور لم تسر على نحو جيد، إذ قوبلت جهود أوباما بإقناع خمس من الدول العربية بمعاملة إسرائيل معاملة تفضيلية في مقابل تجميد المستوطنات بالفشل التام، بسبب مواقف رئيس وزراء إسرائيل بنيامين نتنياهو، ورضوخ أوباما إليه؛ الأمر الذي كان له تأثير مدمر على رؤية العالم لأوباما وإدارته.

وفي هذا السياق يمكن فهم اختيار الرئيس الأميركي على تعيين السيناتور جورج ميتشل مبعوثا خاصا له في المنطقة فور دخوله البيت الأبيض. وهو رجل عرف عنه مثابرته وجديته في حلّ الأزمات. وعكست الجولة الأولى التي قام بها جورج ميتشل في المنطقة سرعة تحرك الإدارة

الأميركية الجديدة حيال الوضع المتفجر، وأعلنت عن عودة الولايات المتحدة الأميركية إلى التعامل الجاد مع قضية المنطقة المركزية، الأمر الذي يشي بقراءة جيدة لما يجري فيها، وبحيوية كانت تفتقدها الإدارة السابقة، التي لم تخلّف وراءها سوى الأزمات والإشكالات والاحتقانات.

واللافت هو أن الساسة الإسرائيليين لم يكونوا منذ البداية مرتاحين لمتغيرات الساسة الأميركية، فشككوا في أهداف جولة ميتشل، وفي حدود الصلاحيات الممنوحة له، مع أن أوباما منحه ثقته الكاملة، واعتبره متحدثا باسمه، وأشاد به في حضور وزيرة الخارجية الأميركية هيلاري كلينتون، واصفا إياه بأنه مذلل العقبات. إلا أن تطورات الأحداث أثبتت التجاهل الإسرائيلي المستمر للجهود الأمريكية لدفع عملية السلام والمفاوضات المباشرة حتى أعلن البيت الأبيض في 8 ديسمبر 2010 فشل جهود إدارة اوباما في إقناع رئيس وزراء اسرائيل في تجديد تجميد الإستيطان لمدة ثلاث أشهر إضافية مقابل مغريات طائلة مثل منح اسرائيل مقاتلات الشبح الجديدة 35 تقدر قيمتها ب3 بلايين دولار ودعم كامل لإسرائيل في مجلس الأمن يحول دون استصدار قرار للاعتراف بدولة فلسطينية في حدود 1967. ويعنى هذا الفشل أن الولايات المتحدة -وجميع أطراف النزاع- يدركوا أن الولايات المتحدة لا يمكنها أن تلعب دور الوسيط العادل في هذا الصراع، وزيادة مساحة استقلالية القرار الإسرائيلي سياسياً وعسكرياً واقتصادياً عن الولايات المتحدة وقدرتها على تحمل أعباء استقلاليتها بدون الإعتماد على الولايات المتحدة.

وبالرغم من هذا التعنت الإسرائيلية نجد أن الولايات المتحدة قدمت -من

جديد- تنازلات من حقوق العرب بدون مقابل حيث وافق مجلس النواب الأمريكي بالإجماع في 15 ديسمبر 2010على مشروع قرار (للنائب هوارد بيرمن رئيس مجلس الشئون الخارجة) يدعو فيه الكونجرس والرئيس الأمريكي وإدارته الى المعارضة بقوة ورفض أي إعلان من جانب واحد لدولة فلسطينية وقطع الطريق على أية محاولة للسعي للإعتراف بالدولة الفلسطينية من قبل الأمم المتحدة أو غيرها من المحافل الدولية.

وفي المقابل نجد زيادة وقوة في التزام واشنطن بأمن «إسرائيل»، طلب الرئيس من الكونجرس السماح بدفع 205 ملايين دولار لدعم إنتاج نظام الدفاع الصاروخي القصير المدى الذي طورته إسرائيل والمسمى القبة الحديدية (آيرون دوم). والذي سوف يسمح بتوسيع وتسريع إنتاج ونشر هذه الصواريخ من أجل تأمين تحسينات في الوقت المناسب لنظامها الدفاعي المتعدد الطبقات للحماية من الصواريخ. وتعد هذه الخطوة واحدة من سلسلة خطوات تشمل رزمة من المساعدة العسكرية السنوية بقيمة 3 مليار دولار، إلى جانب إجراء مشاورات واسعة أمريكية إسرائيلية من اجل ضمان تفوقها العسكري النوعي، وإجراء مناورات مشتركة على أنظمة الدفاع الصاروخي، مما يؤكد قوة العلاقات الدفاعية المتبادلة والتحالف الاستراتيجي بين الطرفين.

وركز الرئيس أوباما على الفكاك من أسر السياسة الخارجية الأميركية من المركزية التي بنتها إدارة جورج بوش الابن ومحورتها على مقولة "الحرب على الإرهاب" وجعلت من العراق بؤرة ومسرحا لها، وبالتالي ذهب اوباما إلى ما هو أبعد من العراق، من خلال البحث عن "خارطة

طريق إقليمية" لا تستثني أياً من دول المنطقة، وذلك كي يتسنى له الدخول في حوار مباشر مع سوريا وإيران، وربما -فيما بعد - مع حركة حماس وحركة طالبان، من منطلق التمييز بين "المعتدلين" و"غير المعتدلين"، والاستفادة من المحاولة البريطانية في محاورة الجناح السياسي للجيش الجمهوري الإيرلنديّ، وتطبيقها على "حزب الله". وكل ذلك هدفه كسر التوتر والاحتقان في منطقة الشرق الأوسط والوصول إلى حلول تؤمن الانسحاب الأميركي "المسؤول" من العراق، وإيجاد مخارج للمأزق الأميركي في أفغانستان، وللوضع المتأزم في فلسطين، وتحويل الملف النووي الإيراني إلى مسألة دولية، بعد أن كانت الإدارة الأميركية السابقة تعتبره مسألة أميركية فقط. واستخدمت الولايات المتحدة في ذلك دبلوماسية الزيارات (وفود مجلسي الشيوخ والنواب الأميركيين) والمبعوثين، ونجحت في عودة الاتصالات بين الولايات المتحدة الأميركية وسوريا، منهية بذلك قطيعة سياسية دامت عدة سنوات، ومعلنة نهاية سياسة العزل والعقوبات التي مارستها الإدارة السابقة، وبالتالي يمكن الحديث عن فتح آفاق جديدة في مسار العلاقات الأميركية السورية وعودتها إلى الحوار والتفاهم بعد أن سادها التوتر والمشادات خلال الثماني سنوات المنصرمة. و لا تزال هناك خلافات جوهرية بين الولايات المتحدة والقيادة السياسية السورية، خصوصا فيما يتعلق بتحالفها مع إيران وعلاقاتها مع حزب الله اللبناني وحركة حماس الفلسطينية، إلى جانب النشاط السوري المزعوم في المجال النووي.

ومن الهام هنا ابراز الجهد الذى بذلته الولايات المتحدة جتى تمكنت من الإعلان عن بدء المفاوضات المباشرة بين السلطة الفلسطينة والحكومة الاسرائيلية بواشنطن في 2 سبتمبر 2010 في ظل الأوضاع الحالية

بالمنطقة التى تسودها حالة من عدم التأكد Uncertainty، وهو ما تؤكده التحليلات الأمريكية[1]، وبالتالي فجميع اللاعبين (على الجانب الاسرائيلي والفلسطيني) يفضلون الوضع القائم تجنباً لأية مخاطر قد يأتي بها مستقبل هذه المفاوضات (حماس لا تساند المفاوضات وبالتالي اعترافها باسرائيل، والسلطة الفلسطينية لا تريد المخاطرة بثورة عليها ومساندة اوسع لحماس في الضفة اذا ما قامت بأية تنازلات، واسرائيل لا تريد المخاطرة بالتفاوض على تسوية من المؤكد أنها لن تتمتع بتأييد شعبي واسع في ظل سيادة الأجواء اليمينية المتطرفة باسرائيل ومساس أية مفاوضات بموضوعات تمس العقيدة كالقدس، خاصة وان المفاوضات هي مع طرف فلسطيني غير قادر على فرض سلطته). وإلى أن تتغير الأوضاع الحالية أو بعضها فلن تسفر المفاوضات -مباشرة او غير مباشرة - عن شئ جديد.

وأهمية العراق محورية في سياسات الولايات المتحدة. وهي التى شاركت في حرب العراق بمراحلها الثلاث بدءاً بالحرب التقليدية لإزاحة صدام حسين، ومروراً بالمواجهة العسكرية للتمرد السنى والمقاومة الشيعية والحرب الاهلية بين الطائفتين فى الفترة 2003 - 2006، انتهاءاً بالمرحلة الاخيرة مع نهاية عام 2006 و التى قامت على دفع قادة السنة نحو نبذ الجهاديين الأجانب، وتفكيك التكتل الشيعى إلى عدة فصائل وترضيتها اقتصادياً وسياسياً، مع استخدام القوة العسكرية لدعم هذه الإستراتيجية عبر مهاجمة الجماعات المتمردة وحماية تلك المحالفة مع الولايات المتحدة. وهكذا فإن الولايات المتحدة حققت بالفعل هدفين من أهدافها من حرب

(1) George Friedman, Israeli-Palestinian Peace Talks, Again, STRATFOR GLOBAL INTELLIGENCE, 23 August, 2010.

العراق التى شنتها عام 2003 وهما تدمير الجيش العراقي والقضاء على نظام البعث أما الهدم الثالث وهو احلال هذا النظام بنظام آخر مستقر ومؤيد للحكومة الأمريكية فهو هدف يبدو حتى الآن بعيد المنال. وفي كل ذلك يؤكد اوباما المسؤلية الأمريكية تجاه أمن المنطقة وإنهاء الحرب بنجاح عبر الإنتقال الكامل للمسؤولية الى الحكومة العراقية، وزرع علاقات دائمة مع العراق مبنية على المصالح المتبادلة والأحترام المتبادل مشيراً الى ان هدف الولايات المتحدة الأمريكية هو عراق ذو سيادة واستقرار واعتماد على النفس من خلال تشجيع حكومة عراقية عادلة ومنتخبة ومسؤولة، تنفي الدعم وتقديم ملاذاً آمناً للأرهابيين.[1]

<u>وأخيراً لا يفوتنا الاشارة الى **العلاقات الأمريكية - المغاربية التى تتميز بطابع خاص للاعتبارات التالية:**</u>

- تعد منطقة الشمال - الغربي الأفريقي هي منطقة تنافس أمريكي فرنسي؛ حيث طرحت الولايات المتحدة في يونيو 1998م مشروع شراكة اقتصادية أمريكية مغاربية مع دول المغرب العربي الثلاث تمهيداً لإقامة منطقة للتجارة الحرة تتنافس بها مع العلاقات الخاصة التي تربط الدول الأوروبية بهذه الدول.
- وقد تأسس الاهتمام الامريكى بهذه المنطقة على مجموعتين من الاعتبارات، الاولى تتصل بالنواحى السياسية والاقتصادية وبمجال الطاقة (تركيزها على النفط والغاز على الجزائر وتشاد وليبيا ومالى

(1)عقيل غني جاحم، أستراتيجية الامن القومي الامريكية الجديدة في العراق:أنهاء الحرب،ودعم حكومة منصفة لاتوفر ملاذ للارهابيين ، 2010/5/28، عقيل، akeel72.maktoobblog.com

وربما موريتانيا، فضلاً عـن سـعيها لإيجاد كيـان اقليمى قـوى فى تلك المنطقة من العالم بشكل يسمح بتوفير سـوقاً محتملاً للأعمال التجارية وللسلع الأمريكية، خاصة فى ظل المنافسـة المتزايـدة مع الصين فى هذا المجال وفى هذه المنطقة من العالم تحديداً)، والثانية تتصل بالنواحـى العسـكرية، والمصالح الأمنيـة والإسـتراتيجية للولايات المتحدة) ترتبط برغبة الولايات المتحدة فى تجفيف جميع منابع الإرهاب حول العـالم ومنها منطقـة المغـرب العـربى والساحل والصحراء، وخاصة ان تلك المنطقة تشكل تهديـداً كبيراً للامن الأمريكى - وفقاً للرؤيـة الأمريكيـة - وذلـك فى ظل تمركز مايسمى " تنظيم القاعدة فى بلاد المغرب الإسلامى " فيها).

السودان:

منذ وصول نظام الإنقاذ إلى الحكـم عـام 1989م انتهجت الولايـات المتحدة ضده سياسة المواجهة، وأعلنت إدانتها لنظام الخرطوم لانقلابه عـلى سـلطة ديمقراطيـة منتخبـة، واتهامـه بانتهـاك حقوق الإنسان ومساندة الإرهاب، والمسؤولية عن استمرار الحرب الأهلية في الجنوب، وإعاقة جهود الإغاثة الدولية في مناطق القتال. وقد استمرت هـذه السياسة طوال عهد كلينتون فوضعت الولايـات المتحدة السودان على قائمة الـدول الراعيـة للإرهاب عـام 1993م بعد ضغوط شـديدة مـن الكونجرس، وعملت على خلق إطار إقليمـي معـاد لحكومـة الخرطوم شمل أوغندا وإريتريا وأثيوبيا، وقدمت دعمها السياسي للتجمع الوطني المعارض الـذي مثل الواجهـة الأساسية للمعارضـة وللجيش الشـعبي لتحرير السودان في الجنوب بزعامة جون جارانج.

وقد كرس الرئيس السابق جورج بوش الابن كل جهود بـلاده لإنهـاء الحرب الأهلية بين شمال وجنوب السـودان، وانتهـت بتوقيع اتفاق السلام في عام 2005. وهو الأمر الذي يعتبر أعظم انتصار للدبلوماسية الأمريكيـة في إفريقيـا في السـنوات الأخـيرة. أمـا عـلى صعيد النـزاع في دارفور فقد كان الرأي العام الأمريكي هـو المحرك الرئيسي ـ الـذي دفع الـرئيس وإدارتـه للتـدخل. وقـد سعت الولايات المتحـدة إلى تـدويل القضية السودانية، وأيدت علناً خطة الإيجاد (الهيئة الحكومية للتنمية في الشرق الأفريقي) التي تنص على تأكيد حق أهل الجنوب في تقرير مصيرهم عبر استفتاء شعبي في حالة رفض النظام السوداني إقامة دولـة علمانية ديمقراطية لامركزية. كما رفضت الولايات المتحـدة عـلى لسـان وزيرة خارجيتها السابقة مادلين أولبرايت المبادرة المصرية الليبيـة التـي تقوم على التأكيد على وحدة السودان.

ومـع وصـول الإدارة الأمريكيـة الجديـدة في الولايـات المتحـدة إلى السلطة سعت الولايات المتحدة إلى تحسين علاقاتها بالسودان، وبدأت السودان تبدي حرصها على التعاون الأمني مع الولايات المتحدة حتى قبل أحداث الحادي عشر من سبتمبر. وقد ظهرت عـدة مؤشرات تـبرز التحول في السياسة الأمريكية تجاه السودان؛ فقد أصدر مجلس الأمـن برفع العقوبات التي فرضها على السودان منـذ عـام 1996م. وامتنعـت الولايات المتحدة عن التصويت وهو ما اعتبره البعض تعبيراً عن تقدير الولايات المتحدة للتعاون الأمني مع الحكومة السودانية. كـما عطلت الإدارة الأمريكية تشريعاً اقره مجلس النواب بحظر تسجيل الشركات الأمريكية في البورصة الأمريكية إذا شاركت في التنقيب عـن النـفط في السودان. وأهم الخطوات التي اتخذتها

الإدارة الأمريكية الجديدة حيال السودان تمثل في تعيين السيناتور السابق جون دانفورث كمبعوث رئاسي إلى السودان، وهو الذي تمكنت الولايات المتحدة من خلاله في فترة قصيرة أن تؤثر في عدة تطورات على الساحة السودانية بداية من توقيع اتفاق جبال النوبة، ودعم جهود مكافحة عمليات الرق، وحتى الاتفاق الإطاري الأخير الذي وقعته الحكومة السودانية مع الحركة الشعبية في كينيا (يوليو 2002م) والقائم أساساً على وثيقة أمريكية تعطي الجنوب الحق في تقرير المصير بعد ست سنوات كفترة انتقالية.

وهكذا هدفت إستراتيجية أوباما للسودان التي أعلنها الرئيس الأمريكي الاثنين 19 أكتوبر 2009[1] التوفيق بين الصقور والحمائم، بالمزج بين فكرة العصا (بإطلاق حزمة تهديدات واتهامات للخرطوم) مقابل الجزرة (بإطلاق حزمة حوافز للخرطوم لو استجابت للمطالب الأمريكية). والواقع يؤكد أنه لا توجد سياسة أو إستراتيجية أمريكية فعلية جديدة وإنما مجرد محاولة للجمع بين الآراء المختلفة داخل إدارة أوباما فيما يخص التعامل مع الخرطوم، والسعي لإرضاء كل الأطراف بما فيها المنظمات الأمريكية – اليهودية التي تقود الحملة ضد الخرطوم وتروج لادعاءات الإبادة الجماعية، خصوصا "تحالف إنقاذ دارفور" و"الخدمات اليهودية العالمية" في نيويورك، و"متحف الهولوكوست" اليهودي في واشنطن، الذين أيدوا إستراتيجية أوباما هذه، ودعوا لتعظيم حزمة "العصا" وتقليل "الجزرة". بل إن هذه السياسية الأمريكية الجديدة المعلنة قد لا يبقى منها سوى العقوبات التي لا تزال

---

(1) صبحي غندور، متى المراجعة الفعلية في السياسة الخارجية الأميركية؟، مركز دمشق للدراسات النظرية والحقوق المدنية، 23-06-2010.

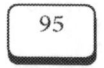

مفروضة على السودان ولم ترفع بعد، وقد تكون آثارها العكسية أكبر ربما في عرقلة انتخابات السودان المقبلة وإثارة العقبات تجاهها بتشجيعها للمعارضين والمتمردين، خصوصا بعد نجاح الرئيس البشير كممثل لحزب المؤتمر الوطني الحاكم، في انتخابات الرئاسة لعام 2010 بالرغم من عدم التوافق على القانون الانتخابي الجديد. وتمثلت سياسة "العصا" في صورة واضحة في مساندة الولايات المتحدة في سبتمبر 2010 لمطلب ممثل جنوب السودان في الأمم المتحدة وصدور قرار من مجلس الأمن يدعو الى نشر ـ قوات أممية على الحدود بين الشمال والجنوب تكريساً للتقسيم واستعداداً للانفصال الذى يلقى المساندة الأمريكية.

الصومال:

كانت الصومال خلال العقدين الماضيين واحدة من أكثر مناطق المواجهة مع أمريكا؛ فما ان تهدأ الأمور قليلا حتى يعود التوتر مرة أخرى. وقد استخدمت واشنطن كل الأساليب السياسية والعسكرية في الصومال في هذين العقدين، فتدخلت عسكريا وبصورة مباشرة في الصومال تحت مظلة الأمم المتحدة عام 1992 وباءت بالفشل وخلفت تلك الهزيمة آثارا بعيدة المدى على سياستها الخارجية، أدى إلى تخليها عن سياسة التدخل العسكري المباشر في المناطق الملتهبة من العالم.

وجربت الأسلوب المخابراتي بعد تفجير سفارتيها في كل من دار السلام ونيروبي عام 1998، وانتهجت بعد الحادي عشر ـ من سبتمبر 2001 ـ بالإضافة إلى العمل المخابراتي ـ أسلوب الحرب بالوكالة عبر استخدامها أمراء الحرب السابقين في مقديشو وإثيوبيا منذ نهاية عام 2006 للإطاحة

بالمحاكم الإسلامية.

وقد دفع الرأي العام الأمريكي الإدارة الأمريكية للتدخل في الصومال لاسيما فيما يتعلق بقضية القرصنة في خليج عدن والمحيط الهندي، ولكن لم يحظ التدخل في الصومال بما تضمنه من دعم لأمراء الحرب في مواجهة المحاكم الإسلامية وتقديم الدعم الكامل للقوات الإثيوبية للتدخل في الصومال في عام 2006 بالنجاح كما حظي في السودان، بل على العكس كان له عديد من السلبيات يأتي في مقدمتها غياب الثقة في الولايات المتحدة وعدم قدرتها في المستقبل على تقديم حلول إيجابية للأزمات التي تعاني منها الصومال. وقد حدث مؤخراً (مارس 2010) تطوراً نوعياً في الدور الأمريكي بالصومال بالاعلان عن توفير غطاء جوي أمريكي خلال هجوم الرئيس الصومالي على المتمردين في الصومال. ونفت الخارجية الأمريكية أن يكون ذلك هجوماً أمريكياً لأن الجيش الأمريكي لن يكون موجوداً على الأرض وأن ذلك يأتي ضمن الجهود الأمريكية الداعمة للحكومة الانتقالية في الصومال وفي سياق الاستراتيجية الامريكية العامة لمحاربة الإرهاب.

ويمكن القول إن ثمة تحديات تواجها الولايات المتحدة في الصومال، أبرزها:-

أولا: تحدي القاعدة: رغم كل الجهود التي بذلتها واشنطن في العقد الماضي للقضاء على تنظيم القاعدة والجماعات المرتبطة معها، فان حركة الشباب المجاهدين في الصومال، والتي كانت جزءا من تحالف اتحاد المحاكم الإسلامية سابقا، استطاعت أن توسع نفوذها في البلاد وتسيطر على مناطق إستراتيجية تشمل ميناء كسمايو في الجنوب (ثالث أكبر موانئ

الصومال) ومدينة بيدوا مقر الحكومة الانتقالية السابقة وأجزاء من العاصمة. وتواصل الحركة بصورة دراماتيكية توسيع رقعة سيطرتها. وتمثل حاليا - إضافة إلى الجماعات الأخرى المتحالفة معها - أقوى جبهة معارضة للحكومة الحالية بل وأكبر مهدد لمصالح الولايات المتحدة وحلفائها في المنطقة والمعارضة للجهود الدولية والإقليمية.

وتكمن مخاوف واشنطن أيضا من الحركة في انضمام عناصر أجنبية إلى صفوفها، والذين يزدادون بمرور الزمن إذ تقدرهم بعض الأطراف بما يقارب ألفا، وإمكانية أن يكون من تلك الأعداد قيادات في تنظيم القاعدة؛ فبعد قرار إدارة أوباما نقل معظم القوات الأمريكية من العراق إلى أفغانستان وما تبعه من عمليات عسكرية في وادي سوات ووزيرستان ضد طالبان باكستان، والتنسيق العسكري بين الطرفين، تتخوف الإدارة الأمريكية من أن تصبح الصومال المكان الوحيد في العالم الذي يجد فيه تنظيم القاعدة ملجأ آمنا لقياداته، وقاعدة للانطلاق نحو استهداف المصالح الأمريكية في العالم؛ مما يشير إلى أن الصومال سيكون حتما ساحة المواجهة التالية بين واشنطن وتنظيم القاعدة بعد انتهاء العمليات الجارية في باكستان حاليا، وتمثل تلك القضية التحدي الأكبر لواشنطن في الصومال.

ثانيا: الدول المارقة في المنطقة: ليست حركة الشباب فقط هي التحدي الوحيد للجهود الدولية التي تتزعمها واشنطن، وإنما هنالك بعض القوى الإقليمية المعارضة لها، فإريتريا التي هي من دول القرن الإفريقي لديها علاقات متوترة مع واشنطن ومع إثيوبيا حليفتها في المنطقة.

وكانت إريتريا تدعم اتحاد المحاكم الإسلامية ثم تحالف إعادة تحرير

الصومال منذ إنشائه في عاصمتها أسمرة، وبعد انشقاق التحالف إلى جناحين عارضت جهود المصالحة والوساطة التي قامت بها حكومة جيبوتي برعاية من الأمم المتحدة، وهي العملية التي انتهت بتوقيع الاتفاقية بين الحكومة الانتقالية وتحالف إعادة تحرير الصومال (جناح جيبوتي) التي قادها الشيخ شريف وتمخضت عنها الحكومة الحالية. ولا تعترف إريتريا بالحكومة الانتقالية الصومالية، وتقوم بدلا من ذلك بدعم المعارضة الإسلامية التي تسعى للإطاحة بالحكومة. وتعتبر الصومال بالنسبة لإريتريا ساحة من ساحات المواجهة مع إثيوبيا. وتمثل سياسة إريتريا تجاه الصومال أحد التحديات الإقليمية التي تواجهها واشنطن حاليا.

ثالثا: الصوماليون الأمريكيون: رغم التوترات التي سادت بين أمريكا والصومال عموما في العقدين الماضيين، فإن أمريكا تعد من أكبر البلدان في العالم التي تستقبل اللاجئين الصوماليين، ويقدر عدد اللاجئين الصوماليين في الولايات المتحدة بحوالي 100 ألف شخص، وتقوم هذه الجالية بتحويل مئات الملايين من الدولارات سنويا من أمريكا إلى الصومال. وتثير السياسات الأمريكية الخاطئة تجاه الصومال حفيظة الصوماليين الأمريكيين، ويرى هؤلاء أن الاحتلال الإثيوبي للصومال في عام 2006 بدعم أمريكي كان من أكبر الأخطاء التي ارتكبتها واشنطن في الصومال خلال السنوات الماضية.

وقد دفعت تلك الأخطاء ببعض الشباب الصوماليين الذين يحملون الجنسية الأمريكية العودة إلى الصومال والانضمام إلى حركة الشباب المجاهدين والجماعات الإسلامية الأخرى المناهضة لواشنطن. فقد أقلقت

عودة طالب صومالي عمره 27 عاما عام 2009 مـن أمريكا وتفجـير نفسه في الصومال السلطات الأمريكية. ورغـم قلـة أعداد الصـوماليين الأمريكيين الذين انضموا إلى صفوف حركـة الشبـاب المجاهدين، إلا أن خطورة تلك القضية تكمن في تخوف واشـنطن مـن أن يشارك هـؤلاء الشباب في تخطيط عمليات موجهة إلى داخل أمريكا.

رابعا: القرصنة: إذا كانت أمريكا واجهت صعوبات في تعاطيها مع الملف الصومالي عـلى المسـتوى السـياسي والأمـني، فهـي تواجـه كذلك معضلة في التعامل مع مشكلة المياه الصومالية أو ما يطلق عليـه حاليا القرصنة البحرية التي أضافت بعدا دوليا جديدا للقضية الصومالية، وأثرت على حركة التجارة الدولية التي تمـر قبالة السـواحل لصـومالية وخصوصا في السنتين الماضيتين.

وكانت أمريكا غير جادة في البداية في أن تأخذ على عاتقها مسئولية مكافحة القرصنة في السـواحل الصومالية لأن المشكلة لم تكن تشكل خطورة مباشرة على واشنطن، ويبدو أن واشنطن لم تكن أيضا تريد أن تحمل على كاهلها عبء تلك المهمة بمفردها نيابة عـن الآخرين ودون مقابل، لأن الدول المتضررة مـن القرصنة لم تساعد بـدورها أمريكا في حربها ضد ما تسميه "الإرهاب". لكن اشتداد عمليات القرصنة منذ النصف الثاني من عام 2009 وتعرض السفن الأمريكية مباشرة للتهديد قد دفع واشنطن إلى الاضطلاع بدور أكبر في تلك القضية.

ومن جانب آخر، فإن واشنطن كانت تركز فقط على التأكد مـن أن الأموال التي يحصلها القراصنة الصوماليون لا تـذهب إلى الجماعـات الي

تتهمها بالإرهاب، كما تتخوف أيضا من إمكانية سيطرة تلك الجماعات على السواحل التي ينشط فيها القراصنة ودخولها في العملية بصورة مباشرة.

ووفقا لهذه التحديات، تتحرك إدارة أوباما تجاه الصومال على صعيد سياسي وآخر عسكري – أمني وثالث إقليمي [1].

على الصعيد السياسي، وبعد أن تبين لواشنطن أنه لا يمكن الاعتماد فقط على الحكومة الانتقالية التي يتزعمها الشيخ شريف شيخ أحمد في التغلب على المعضلات السياسية في البلاد ومواجهة حركة الشباب المجاهدين وتنفيذ مطالب واشنطن المتمثلة في ألا تكون الصومال مأوى للقاعدة والتزام الضمانات الأخرى التي قدمتها للأطراف الإقليمية وللمجتمع الدولي عموما، فان الإدارة الأمريكية الجديدة بدأت بخطوات سياسية لمواجهة الموقف في الصومال.

ومازالت حتى اواخر عام 2010 إدارة أوباما تعكف على إعداد إستراتيجية متكاملة تجاه الأزمة الصومالية، يعدها مجلس الأمن القومي الأمريكي المكون من ثلاث دوائر في الحكومة الفيدرالية هي: وزارة الخارجية ووزارة الدفاع والوكالة الأمريكية للتنمية الدولية، وتهدف الى انتهاج أسلوب جديد في التعامل مع الملف الصومالي يختلف عن أسلوب إدارة بوش، ومحاولة إعطاء رجل الشارع الصومالي العادي انطباعا إيجابيا عن نوايا أمريكا تجاه بلاده. وتشمل تلك السياسة جوانب سياسية ودبلوماسية ومخابراتية، ولا تعتمد فقط على العمل العسكري الذي جلب الويلات للشعب الصومالي ولأمريكا أيضا وللمنطقة ككل. وتجري كذلك محاولات لإرسال

---

(1) http://www.islamonline.net/

مبعوث خاص إلى الصومال، كما تم في مايو 2010 تعيين مساعد لوزيرة الخارجية الأمريكية للشئون الإفريقية هو "جوني كارسون" الذي يتمتع بخبرة عملية كبيرة في شرق إفريقيا، كما بدأت إدارة أوباما تنشيط مجموعة الاتصال الدولية المعنية بالصومال.

وعلى الصعيد العسكري، تسير الترتيبات العسكرية الأمريكية متوازية مع التحركات السياسية الجارية حاليا. فإضافة إلى مساهماتها في السنوات السابقة في ميزانية قوات الاتحاد الإفريقي للسلام (أميصوم)[1] التي بلغت 135 مليون دولار، فإن واشنطن تشجع الدول الإفريقية على إرسال المزيد من القوات إلى الصومال (تم الموافقة على إرسال 2000 جندي افريقي في قمة كمبالا -يوليو 2010)، وأعربت الإدارة الأمريكية الجديدة استعدادها لتدريب القوات الصومالية مستقبلا، فالولايات المتحدة هي التى ساهمت بشكل رئيسى في تدريب وتمويل القوات الاوغندية (التى يعتبرها البعض اثيوبيا الجديدة في سيناريو التدخل الامريكي في الصومال) في بعثة "الاميصوم" -خاصة وان المعدات توفرها الولايات المتحدة وقوات الناتو بالاضافة الى توفير الولايات المتحدة لكافة أشكال الدعم المالي واللوجيستى للقوات الأوغندية في الصومال في إطار إستراتيجية وضعتها الولايات

---

(1) تشكلت بعثة "الاميصوم" AMISOM في 2007 لمدة عشرة اشهر ثم تم تجديدها، وتعد الوريث الشرعي لقوات الإيجاد التى جرى تشكيلها في 2005 من الدول الست الأعضاء (اوغندا- جيبوتي -اثيوبيا- كينيا الصومال السودان) في المنظمة الإقليميةIGASOM، وبلغ عدد القوات بها في منصف عام 2010 حوالي 6000 جندي من دولتين فقط (أوغندا وبورندي) وبعد الزيادة من المتوقع ان يصل الى 8000 جندي.

المتحدة منذ يناير 2007 مع شركائها الاوروبيين في الناتو[1] بتوسيع مجال العمليات العسكرية في الصومال عن طريق القوات الأوغندية مع توفير مزيد من الدعم الافريقي لإرسال المزيد من القوات الى هناك وهو ما ركزت عليه القمة الأفريقية في كمبالا (يوليو 2010) وتأكد بتصريحات رئيس المفوضية العليا للاتحاد الافريقي، وإن خالفته بعض القيادات الافريقية اعتراضاً على فكرة "فرض السلام" ورفض توسيع التفويض الممنوح للأميصوم ليمتد الى خارج العاصمة مقديشو.

وتجدر الإشارة إلى أن القيادة الأمريكية في إفريقيا (أفريكوم) قد دربت في السنوات الماضية 10 آلاف جندي إفريقي من قوات حفظ السلام الإفريقية يعمل بعض منهم في الصومال حاليا. وعقد في واشنطن في يونيو 2010 اجتماعا ضم قيادات سابقة في الجيش الصومالي وشخصيات معنية بالملف الصومالي في الإدارة الأمريكية الجديدة.

واعترفت أمريكا بإمداد الحكومة الصومالية بالسلاح لمواجهة حركة شباب المجاهدين[2]، وتشير هذه التحركات كلها إلى ترتيبات عسكرية أمريكية إقليمية ودولية لمواجهة جديدة بين واشنطن والجماعات الصومالية المرتبطة بالقاعدة، خاصة وأن الخطر الذى يمثله وجودها ليس مقتصراً على حدود الصومال ولكن آثاره قد تمتد لتشمل المنطقة بأسرها، كما أن

---

(1) يوجد 150 خبيراً من 14 دولة أوروبية بتكلفة 6 مليون دولار يقومون بتدريب قوات "الاميصوم" بالإضافة لعمليات الناتو البحرية في المنطقة

(2) أشارت بعض المصادر بأن بعض شركات الأمن الخاصة ومنها شركة (بلاك ووتر) الأمريكية الشهيرة قدمت مساعدات عسكرية للحكومة الصومالية، وأنها سوف تشارك في العملية العسكرية التي يتم ترتيبها حاليا.

سيطرة مثل هذه الحركة على مقاليد الامور في الصومال يشكل تهديداً على خطوط الملاحة التجارية في البحر الأحمر.

وعلى الصعيد الإقليمي، تمارس واشنطن ضغوطا على إريتريا، حيث أعربت أكثر من مرة عن قلقها حيال تقارير تفيد بأن أسمرة تمد من تسميهم بالمتشددين الإسلاميين ومقاتلين أجانب في الصومال بالسلاح لإسقاط الحكومة الحالية، وجاء ذلك بعد اتهامات من جانب الاتحاد الإفريقي لإريتريا بزعزعة الاستقرار في الصومال والتهديد بتعليق عضويتها في الاتحاد وكذلك مطالبات لمجلس الأمن الدولي بالتحقيق في التقارير التي تشير بدعم إريتريا للمعارضة الإسلامية في الصومال والتأكد من صحتها؛ وهو ما يشير إلى تصاعد التوتر بين إريتريا وواشنطن في المرحلة المقبلة، والتي يمكن أن تتطور إلى فرض عقوبات مشددة عليها واعتبارها دولة مارقة.

وعلى الرغم من تعدد التحديات في الصومال، إلا أنه من المرجح أن لا تتدخل واشنطن عسكريا وبصورة مباشرة في الصومال؛ استنادا إلى تجربتها السابقة في عملية إعادة الأمل في الصومال التي أهين خلالها الجنود الأمريكيين في شوارع مقديشو.

وبدلا من ذلك سوف تقوم بضربات جوية لمساعدة الأطراف الموجودة على الأرض أو إنزال جوي لقوات خاصة بها في عمليات متفرقة في الصومال إذا ما تأكدت من وجود بعض الأشخاص المطلوبة لديها في منطقة معينة.

وبالطبع تقوم واشنطن بالتنسيق مع القوى الإقليمية والدولية المعنية

بالشأن الصومالي في دعم الحكومة الحالية عسكريا وسياسيا وماليا لبقائها، وهذا الدعم يوفر فرصة لتدخل غير مباشر من خلال من ينوب عنها في هذه المعركة من القوات الاوغندية والبورندية بقوات الاميصوم التى تتبع الاجندة والاهداف والتمويل والتدريب الأمريكي، وبما يؤمن عدم السماح للجماعات المناوئة للولايات المتحدة بالسيطرة - مرة أخرى - على البلاد كما حدث في عام 2006. ومع حتمية المواجهة بين واشنطن والجماعات المناوئة لها في الصومال، والتدخل الأمريكي الإثيوبي المتوقع؛ فان أحدا لا يمكنه التأكيد على نجاح تلك العملية أو إنهاء الأزمة الصومالية، كما أن الجماعات الإسلامية المسلحة بعد أن أثبتت بجدارة عدم قدرتها على صنع السلام في البلاد بعد خروج القوات الإثيوبية؛ فإنها في هذه المرة لن تجد التعاطف والتأييد من الشعب الصومالي، وسوف تواجه وحدها مصير المعركة القادمة مع القوات الأجنبية.

المبحث الثاني: السياسة الخارجية الأمريكية تجاه أفريقيا

بدأ انفتاح الولايات المتحدة على القارة السمراء بشكل جدي خلال فترة رئاسة بيل كلينتون الذي كان أول رئيس امريكي يقوم بزيارة رسمية لست دول افريقية عام 1998 وهو في الحكم. ومع تداعيات أحداث 11 سبتمبر وأولوية مكافحة الارهاب والقرصنة في الأجندة الأمريكية، ووصول الرئيس اوباما –ذو الأصول الأفريقية - للحكم يتوقع تنشيط الولايات المتحدة لهذا الاهتمام والتركيز على الأبعاد الاقتصادية والاجتماعية بالاضافة لتلك الأمنية والسياسية.

وفي ظل نظام القطبية الثنائية الذي ساد بعد الحرب العالمية الثانية حلت الولايات المتحدة والاتحاد السوفييتي السابق محل القوى الأوروبية التقليدية مع اعتراف الولايات المتحدة بمصالح تلك القوى التقليدية في القارة الأفريقية؛ فقد انتقل الصراع بين القطبين في مرحلة الحرب الباردة إلى الساحة الأفريقية، ولكن اهتمام القطبين بالقارة في تلك الفترة تركز على محاولة استقطاب الدول الأفريقية بهدف العمل على زيادة كل طرف لنفوذه واحتواء الطرف المضاد.

ومع نهاية الحرب الباردة ظهرت عدة مؤشرات ودلائل على تراجع الأهمية الإستراتيجية للقارة الأفريقية، وظهر اتجاه بارز يؤكد أن القارة الأفريقية لم تعد تحتل أهمية كبيرة للدول الكبرى الأوروبية أو للولايات المتحدة الأمريكية مستنداً في ذلك إلى تناقص معدلات المعونات والقروض الموجهة من تلك القوى إلى القارة الأفريقية، أو الربط بين تقديم المعونات وبين مدى التزام الدول الأفريقية بالتحول الديمقراطي واحترام حقوق

الإنسان فيما يعرف بـ«المشروطية السياسية». وفي الوقت نفسه أدى بروز دول أوروبا الشرقية واتباعها نهج الإصلاح الاقتصادي إلى لفت انتباه القوى الكبرى إلى هذه الدول، وتخصيص قدر متزايد من المعونات والقروض إليها على حساب المعونات والقروض الموجهة إلى الدول الأفريقية.

وكان انتهاء الحرب الباردة دافعاً لتغير صور ومظاهر الاهتمام بالقارة مع دخول عناصر جديدة اهتمت بالتواجد الاقتصادي في القارة (الصين، واليابان، وغيرهما من الدول المتوسطة مثل ايران). إلا أن المتغيرات الدولية الجديدة وقيادة النظام أحادي القطبية أدى إلى إعادة توجيه السياسة الأمريكية نحو أفريقيا، وإعادة ترتيب أولوياتها وأهدافها (مرفق أهم المصالح لدى منافسي الولايات المتحدة الأمريكية في أفريقيا).

1 - أهداف السياسة الخارجية الأمريكية تجاه أفريقيا:

برز الاهتمام، بل والتنافس، على القارة الأفريقية خاصة لأسباب أمنية واقتصادية. ولعل أهم القضايا التى تمثل مصالح وأهداف قومية للسياسة الأمريكية في القارة الأفريقية هي:

1) مكافحة الإرهاب واحتواء القوى الإسلامية الناشئة بالقارة.

2) تأمين الوصول إلى مناطق النفط ومواد التعدين وغيرها من المواد الخام.

3) حماية خطوط التجارة البحرية.

4) دعم النظم التي تأخذ بمفاهيم التحول الديموقراطي وفقًا للتصور الأمريكي، ونشر القيم الليبرالية، ولا سيما تلك الخاصة بالديمقراطية

وحقوق الإنسان.

5) العمل على منع الصراعات وإنهاء حروب التطهير العرقي بما يحقق الأمن والاستقرار وفقًا لمنظور المصلحة القومية الأمريكية. وخصت وزارة الخارجية الأمريكية في أولوياتها إنهاء النزاعات العنيفة في أنجولا وبورندي والكونغو وليبيريا وسيراليون وحل أزمة السودان

6) تخفيف حدة الفقر وتشجيع التنمية الاقتصادية والنمو وحرية التجارة ودفع عملية الاندماج الإفريقي في الاقتصاد العالمي

7) تحسين الصحة العامة ومكافحة انتشار الأمراض.

8) الحصول على الدعم السياسي الأفريقي في القضايا الدولية في ضوء التفوق العددي لدول القارة الأفريقية (53 دولة) وتشجيع مشاركتهم الدولية والترويج لسياسات الولايات المتحدة في القارة.

2 - محاور الاستراتيجية الأمريكية تجاه أفريقيا:

في المجال الأمني - العسكري:

1) يُعد هذا المجال من أبرز ملامح السياسة الأمريكية الجديدة تجاه إفريقيا، مع بروز أولوية محاربة الإرهاب في السياسة الخارجية الأمريكية بشكل عام، والتركيز على قضايا الإسلام السياسي بشكل خاص في أفريقيا؛ في ضوء عملية تفجير السفارتين الأمريكيتين في كل من تنزانيا وكينيا، وردود الفعل الأمريكي المتمثل في توجيه ضربات عسكرية لكل من السودان وأفغانستان. وهكذا يشكل العامل العسكري في حماية المصالح الأمريكية الحيوية وتحقيق الاستقرار والسيطره الأمنية خاصة على انتشار الأسلحة، منع تدفق المخدرات

والجريمة الدولية (القرصنة) أهم مجالات التحرك الأمريكي في القارة الافريقية.

2) وأهم أدوات السياسة الخارجية في المجال الأمنى هو تطوير وانشاء القيادة العسكرية لإفريقيا التى تعرف باسم "أفريكم" كإتجاه جديد في العلاقات الأمريكية - الإفريقية بحيث تضاف إلى القيادات العسكرية الأمريكية الخمس المنتشرة في العالم، وقد تأسست في 1 اكتوبر 2007 ،، كقيادة مؤقتة تحت القيادة الأمريكية لاوروپا, والتي كانت لمدة أكثر من عقدين مسئولة عن العلاقات العسكرية الأمريكية مع أكثر من 40 دولة أفريقية. وقد بدأت القيادة الأفريقية نشاطها رسميا في أكتوبر 2008. فإذا كان أمر تأسيس القيادات العسكرية الأمريكية الخمس الموجودة حول العالم قد أملته ظروف الحرب - مثلما حدث في تأسيس القيادة العسكرية الوسطى التي جاء تأسيسها كنتيجة لقيام الثورة الإيرانية وأزمة الرهائن الأمريكان وظهور وصعود صدام حسين في العراق كخطر يهدد المنطقة - فإن تأسيس افريكوم أملته ظروف وتداعيات أحداث 11 سبتمبر الإرهابية، حيث صدر قرار تشكيلها بصفة أساسية من اجل تطبيع العلاقات مع إفريقيا للمساعدة في حل القضايا العسكرية والأمنية والإنسانية معا. وهكذا كانت أهم أسباب إنشاء القيادة الأمريكية في أفريقيا، تكمن في سببين رأيسيين هما: تنامي ظاهرة الإرهاب الدولي في الصحراء الأفريقي، وزيادة الضغوط على قوات (كينتكوم) و(إيوكوم) نتيجة للحرب في العراق وأفغانستان من جهة، وتزايد الاعتماد الأمريكي على مصادر الطاقة الأفريقية، وبروز المنافسات الدولية عليها خاصة من الصين

من جهة أخرى.

3) وحسب ما هو معلـن فـإن الأهـداف مـن وراء تأسـيس افريكـوم تكمن في مساعدة وزارة الـدفاع الأمريكيـة "البنتـاغون" في القيـام بمهامها بشكل جيد ومكتمل بناء عـلى معلومـات متحصـل عليهـا مـن الأرض، أي " لتنسـيق المصـالح الأمنيـة والعسـكرية للولايـات المتحـدة في جميـع أرجـاء القـارة". وبالتـالي فأهـداف أفريكم الاستراتيجية:

أ) القضاء على تنظيم القاعدة وشبكاته.

ب) تحقيق القدرة على نشر عمليات حفظ السلام في أماكن النزاعـات بالقـارة والمسـاعدة في بنـاء القـدرات الأمنيـة للـدول الإفريقيـة لمواجهة الأزمات.

ج) التعاون مع دول محددة بالقارة الأفريقية لتحجيم عمليـة انتشار اسلحة الدمار الشامل.

د) تحسين التحكم الأمنى وتوفير الاستقرار من خلال مـنهج شـامل في دول محددة.

هـ) والمسـاعدة في الجهـود الإنسـانية والصـحية والإنمائيـة، وحمايـة السكان من عدوى الأوبئة المميتة.

4) ويبلغ حجم القوة حالياً 2500 فرد (تم تعزيزها بعدد 1200 فرد منذ سبتمبر 2009)–موزعين بين القيادة وفروعها - حوالى نصفهم مـن المدنيين ممثلين لوكالات أمريكيـة حكوميـة غـير عسـكرية. ومركـز القـوة في ألمانيا (Kelley Barracks in Stuttgart - Moehringen) وذلك بشكل مؤقت الى أن يتم تحديد مقر لها في دولة أفريقية. والواقع أن اختيار ألمانيا

جاء بسبب وجود مقر القيادة الأوروبية بها وهي القيادة التى كانت تتولى بالأساس العمليات في أفريقيا مستفيدين في ذلك من امكانيات وتسهيلات القيادة الأوروبية. وقد تحفظت أغلب الدول الأفريقية على استضافة هذه القوات فيما عدا المغرب وبتسوانا، ووفقاً لتقارير وزارة الدفاع الأمريكية فإن العرض المغربي هو الأكثر قبولاً، وإن كانت بعض التحليلات تشير الى أن أنسب المواقع هو في قلب الصحراء الكبرى أو السنغال للقرب الجغرافي من المنطقة المذكورة.

وتتزايد ميزانية القوة تباعاً(50 مليون عام 2007 الى 75. 5 عام 2008 ثم 310 مليون دولار عام 2009)، إلا أن ادارة اوباما طلبت فقط 278مليون لعام 2010. وتواجه افريكوم تحديات كثيرة تتعلق بالفقر المدقع الذي تعاني منه القارة، والحروب الأهلية المندلعة في بقاع كثيرة منها، والحروب الدولية في القرن الإفريقي، كما تواجه تحديات في التعامل مع الدول الفاشلة والمنهارة مثل الصومال حيث فشلت جميع بعثات عمليات حفظ السلام الدولية، وأصبحت الأوضاع أكثر تعقيدا من أن يتعامل معها عسكريا فقط.

5)   أما مجال عمل أفريكم فهو الدول الأفريقية جميعاً فيما عدا مصر و التى تتبع للقيادة الوسطى للولايات المتحدة، وبالرغم من ذلك فإن مصر تتعاون مع أفريكم في المسائل الأفريقية وبذلك يمكن القول أن مجال عمل أفريكم هو 53 دولة أفريقية. وأنشطة القيادات (الأساسية والمتفرعة) في أفريقيا:

أ)   الجيش الأمريكي لمنطقة أفريقيا(USARAF).

ب) قوات البحرية الأمريكية لمنطقة أفريقيا (NAVAF)

ج) القوات الجوية الأمريكية - أفريقيا (AFAFRICA) -

د) قوات سلاح المارينز الأمريكية لمنطقة أفريقيا (MARFORAF) وقد قامت هذه القوات بمناورات "الأسد الأفريقي" عـام 2009 في المغرب وهو أكبر تمرين سنوى مشترك لرؤساء الأركان في القارة الأفريقية وتتم خلال عام 2010 مناورات "الوفاق المشترك" لأول مرة في موزمبيق.

هـ) قيــادة العمليـات الخاصـة الأمريكيـة لمنطقـة أفريقيـا (SOCAFRICA)

و) قوى المهمات المشتركة المجتمعة - القرن الأفريقي - CJTF - HOA)

6) وتستخدم القـوات الأمريكيـة التسـهيلات العسـكرية لكـل مـن جيبوتي والصومال وكينيا واثيوبيا والسنغال والمغرب، كـما تتواجـد قـوات أمريكيـة بـالآف في جيبـوتي وبمـا يزيـد عـن مئـة في مصرـ (القوات المتعددة الجنسيات في سيناء). فيوجد حاليًا 2000 جندي في معسكر ليمونيير بدولة جيبوتي ــ القاعدة الأمريكية الوحيدة في أفريقيا ــ يعملون تحت سلطة القوات المشتركة في منطقة القرن الأفريقي وهي القـوات التـي أنشأتها القيادة المركزية (كينتكوم) عام 2002 من أجل الحد مـن النشاطات الإرهابية في شرق أفريقيا، وبالإضافة إلى المهام الإنسانية التي تساهم بها هـذه القـوات، فإنهـا تلعـب دورًا أيضًـا في البحـث عـن مقاتلي القاعدة في الصومال.

7) وبصفة عامة، فقد زادت المشاركة الأمنية الأمريكية بصورة ملحوظة منذ عام 2001 وطرحت مبادرة الساحل والصحراء عام 2002

والتـي تضـم رؤسـاء الأركـان في كـل مـن: الجزائـر وتـونس والمغرب وموريتانيا والسنغال ونيجيريا ومالي والنيجـر وتشـاد، وتهدف إلى دعم التعاون بين هـذه الـدول في مجال مكافحة الإرهاب. وقد شارك نحو ألـف جنـدي أمريكي في تـدريبات عسكرية للتصدي للإرهاب في الصحراء الأفريقيـة، وهـي أضخم عمليـات للولايات المتحدة في القارة السمراء منذ الحرب العالمية الثانية. وسعيًا وراء تحقيق الهـدف ذاتـه واستجابة لتنامي نشـاط القاعدة والشـبكات الإرهابية في شمال وغرب أفريقيا، خصص الكونجرس مؤخرًا مبلغ 500 مليون دولار لمكافحة الإرهاب. وساعدت تلك المبادرات علـى تعزيز العلاقات بين دول القارة، ومن ضمنها العديد مـن الـدول الإسلامية.

8) ويعكس إسراع الولايات المتحدة في ترتيب وجودها العسكري في إفريقيا مدى تزايد أهمية القارة وظهورها كلاعب اسـتراتيجي في مجالين من أهم المجـالات لأمريكا هـما: محاربـة الإرهاب الـذي اتخذ له قواعد في إفريقيا، وحماية الاستثمارات الأمريكية في القارة التي زادت إلى ثلاثة أضعاف في عهد الرئيس بـوش وتـأمين النـفط الذي يصل منـه للولايات المتحدة حوالي 22% مـن احتياجاتها. وكان الوضـع السابق علـى تشـكيل "أفريكم" كـان يعتمـد علـى مواجهة الأزمات، وذلك اسـتناداً إلى المبادرة الخاصة بمواجهة الأزمات الإفريقية من خلال قوة تدخل إفريقية (ACRI) وتمثلت الرؤية الأمريكية لهذه القوة في العمل مـن أجـل تعزيز القدرة الإفريقية على مواجهة الأزمات الإنسانية وتحديات حفظ السـلام. وانحصر الدور الأمريكي آنذاك في التدريب وتوفير المعدات اللازمة والاتصال

لتحقيق الترابط بين الوحدات في الدول المختلفة. وتتألف هذه القوة من وحدات قوامها ما بين عشرة آلاف إلى اثني عشر ألف جندي إفريقي بقيادة ضباط أفارقة مؤهلين. ومن الدول المشاركة في هذه القوة السنغال وأوغندا ومالاوي ومالي وغانا وأثيوبيا.

8) وقد أثار تأسيس قرار افريكوم الكثير من الجدل والقلق حيث ينظر لها عدد من الخبراء الأوروبيين والأفارقة على أنها تجسيد لعسكرة العلاقات الأمريكية الإفريقية، وانعكاس للامبريالية الأمريكية المفرطة، مما يعيد إلى الأذهان ما شكلته الحقبة الاستعمارية الأوروبية في الذاكرة الإفريقية واستهلاك الموارد البشرية والطبيعية للقارة. كما ينظر لها البعض على أنها امتدادا للوجود الأمريكي في العراق وأفغانستان، أو على الأقل تعزيزاً للروابط الأمريكية مع الأنظمة البغيضة في إفريقيا.

9) كذلك ثار جدل آخر حول الأهداف الأمريكية الحقيقية وراء تأسيس افريكوم حيث يقول البعض أن الهدف منها هو موازنة الوجود الصيني المتزايد في إفريقيا، في حين يقول آخرون أن غرضها هو تأمين المصادر الطبيعية في إفريقيا من نفط وغاز وغيره.

في المجال السياسي:

تعد الديمقراطية وحقوق الإنسان في السياسات الخارجية الأمريكية ركناً اساسياً في سياستها تجاه إفريقيا، وهي تستخدم في ذلك مجموعة من الأدوات مثل الوكالة الأمريكية للتنمية الدولية ومؤسسة الوقف القومي من أجل الديمقراطية ووكالة الاستعلامات الأمريكية وبعثاتها العاسلة في

الخارج. وأدواتها في ذلك ما يلي:

1) الاهتمام بنظم هي ليست بالضرورة ديمقراطية بالمعنى الحقيقي لاعتبارات المصلحة القومية.

2) تشكيل نخب جديدة في إفريقيا موالية للغرب عموماً وللولايات المتحدة بشكل خاص. والعمل على محاصرة النظم غير الموالية، والتي تدعم التطرف والإرهاب من وجهة النظر الأمريكية مثلما هو الحال مع السودان وليبيا سابقاً.

3) الاستفادة من إمكانات العولمة الأمريكية في تسويق نمط الحياة الأمريكي وطرح قضايا معينة مثل دور المرأة ومؤسسات المجتمع المدني.

4) استهداف مناطق إقليمية معيَّنة واختيار دولة أو أكثر تمارس دور القيادة مثل جنوب إفريقيا في الجنوب ونيجيريا والسنغال في الغرب وأثيوبيا في الشرق.

5) طرح قضايا معينة ووضعها على قائمة السياسة الإفريقية للولايات المتحدة مثل مكافحة الإرهاب والتطرف وتدفق المخدرات وضبط التسلح والجريمة الدولية وحماية البيئة وحقوق المرأة الإفريقية... إلخ.

6) المحافظة على الأمن والاستقرار من خلال إنشاء القوة الإفريقية أفريكم.

7) تأمين وتعزيز فرص الاستثمار والتجارة في المنطقة، وهو ما يؤكد عليه مبدأ "التجارة بدلاً من المساعدات"، وتركز في ذلك على النفط والتعدين

8) تكثيف الزيارات ومنها على سبيل المثال على مستوى الرؤساء الأمريكيين نجد مبادرة الرئيس الأمريكي أوباما بزيارة غانا في يوليو 2009، وعلى مستوى وزراء الخارجية الأمريكيين نرصد زيارة هيلاري كلينتون إلى 7 دول أفريقية في أغسطس 2009، بالإضافة إلى زيارات المسئولين الأمريكيين المتعددة إلى أفريقيا (زيارة مساعدي وزيرة الخارجية للديمقراطية والشئون العامة وللشئون الأفريقية في يناير/فبراير 2010 للمشاركة بقمة الاتحاد الإفريقي في أديس أبابا ثم زيارة عدة دول بغرب أفريقيا -غانا، توجو، بنين، نيجيريا -، وجولة المساعد للشئون السياسية في ابريل 2010 الى السنغال وليبيريا وانجولا وجنوب افريقيا وناميبيا ونيجيريا والرأس الأخضر، بالاضافة الى زيارات وفود أمريكية أخرى لدول بعينها (زيارة لأثيوبيا لبحث الحكم الرشيد والشئون الاقتصادية في مارس2010، وزيارة مستشار وزيرة الخارجية لشئون ضبط التسلح لجنوب أفريقيا في اغسطس 2009، وكذلك ممثلة الإدارة الأمريكية لشئون عدم الانتشار النووي لجنوب افريقيا في فبراير 2010). وفي المقابل تتكرر زيارات المسؤلين الأفارقة للولايات المتحدة مع السعى لعقد لقاءات قمة على هامش المؤتمرات التى تستضيفها الولايات المتحدة أو مقر الأمم المتحدة بنيويورك، بالإضافة الى الزيارات العديدة الخاصة لرؤساء هذه الدول وآخرها زيارة رئيس وزراء ناميبيا في 26 - 2010/4/28.

9) استخدام أدوات الدبلوماسية العامة **Public Diplomacy** كتطويع وسائل الإعلام لخدمة هذا الغرض والاستعانة بسفاراتها في تشكيل

استراتيجية أمريكية جديدة قائمة على توسيع شبكة اتصالاتها في أفريقيا مع المؤسسات العسكرية ومنظمات المجتمع المدني على حد سواء. ومن أمثلة تلك الأخيرة: بيان الخارجية الأمريكية في فبراير 2010 بشأن الموقف في النيجر بعد الانقلاب، وتمرير الكونجرس الأمريكي في مارس 2010 لقانون بشأن أوغندا يسمح باتخاذ إجراءات ضد جماعة جيش الرب ومن ضمنها توجيه ضربة قاتلة للجماعة معلناً أن هدف المساعدات الأمريكية بأوغندا –الى جانب حماية المدنين - هو ابعاد "كوني" وكبار قادته من ساحة القتال.

10) التنسيق مع منظمة الاتحاد الافريقي: حيث عقد أول اجتماع سنوى ثنائي رفيع المستوى بين الاتحاد الأفريقي والولايات المتحدة بواشنطن (21 - 22 ابريل 2010) وتناول الأولويات الأمريكية والأفريقية خاصة تشجيع الديمقراطية المؤسسية وخلق فرص للشعوب الأفريقية وتحسين الأوضاع الصحية بالقارة، وتعزيز الأمن والسلام بالقارة وتقوية قدرات عمليات حفظ السلام، والموضوعات الدولية كالإرهاب وتغير المناخ.

في المجال الاقتصادي - الاجتماعي:

1) يقوم على تحقيق شراكة أمريكية/إفريقية ترتكز على محددات ثابتة مثل الموقع الإستراتيجي للقارة والثروات الطبيعية وخطوط التجارة مما يدفع دومًا إلى التوكيد على أهمية إفريقيا في منظومة السياسية الكونية للولايات المتحدة. أما أهم المحددات المتغيرة فهي:

- تزايد الاهتمام الأمريكي بغزو الأسواق الإفريقية التي تضم نحو

سبعمائة مليون نسمة.

- تغير رؤى وتصورات الإدارة الأمريكية بشأن المشكلات والصراعات التي تعاني منها مناطق معينة في إفريقيا مثل الجنوب الإفريقي ومنطقة البحيرات العظمى وشرق إفريقيا. فقد أدركت بعض مراكز صنع القرار الأمريكي أهمية تحقيق الاستقرار والأمن وتدعيم فرص النمو الاقتصادي في إفريقيا بما يخدم المصالح الأمريكية الحيوية في المنطقة.

- إعادة تقويم سياسات الدول المنافسة في إفريقيا والتكالب على السوق الأفريقي.

2) أهم أدوات تحقيق السياسات الأمريكية الاقتصادية في أفريقيا هي:

أولا: - إدماج إفريقيا في الاقتصاد العالمي من خلال:

أ) تشجيع الدول الإفريقية على انتهاج سياسات اقتصادية ناجحة وهو الأمر الذي يحقق نمط التنمية المستدامة بما يخلق في النهاية فرصًا أفضل للتجارة (حجم التبادل التجاري بين أمريكا وإفريقيا لا يشكل إلا نسبة 1 % من مجموع التجارة الأمريكية)، والاستثمارات الأمريكية في القارة.

ب) قانون النمو والفرص في إفريقيا، وهو الذي وافق عليه الكونجرس لأول مرة عام 1998 ثم تجددت الموافقة عليه في إطار تحقيق الرؤية الأمريكية حول إفريقيا «التجارة لا المساعدات» كسبيل إلى ازدهار القارة، ويعتمد القانون على مبدأ الشراكة ويقوم على رفع الحواجز الجمركية عن صادرات 48 دولة أفريقية. ويعد هذا القانون منافسًا

لاتفاقية لومي Lome المبرمة بين دول الاتحاد الأوروبي وافريقيا ومنطقتي الكاريبي والباسيفيكي.

وقد ارتفع حجم التبادل التجاري بين الولايات المتحدة وأفريقيا جنوب الصحراء الكبرى، من الصادرات والواردات، بنسبة 28 % في عام 2008، فارتفعت الصادرات الاميركية بواقع 29 % حيث بلغت 18. 6 بليون دولار[1]، بسبب النمو الذي شهدته قطاعات عدة، بما في ذلك الآليات والمركبات وقطع الغيار، والقمح، النفط غير الخام والطائرات والمعدات الكهربائية (بما فيها معدات الاتصالات السلكية واللاسلكية)، وتنوعت وارتفعت الورادات الأميركية بموجب قانون الفرص والنمو في أفريقيا - المعروف اختصارا باسم (أجوا) - بنسبة 27. 8 % لتصل إلى 86. 1 بليون دولار. ويعزى هذا النمو إلى زيادة كبيرة في واردات النفط الخام بلغت 31. 9 % (وهذا يمثل 79. 5 % من إجمالي الواردات[2] من أفريقيا جنوب الصحراء الكبرى). ولا تزال المنتجات النفطية تمثل الجزء الأكبر من الواردات التي تتم بمقتضى قانون الفرص والنمو، حيث بلغت حصته 92. 3 % من إجمالي الواردات التي تجري وفقا لقانون النمو والفرص. ومع استبعاد

---

(1) ارتفعت الصادرات إلى أكبر خمس وجهات أفريقية للمنتجات الأميركية بنسبة 17.6% إلى جنوب أفريقيا و47.7 % إلى نيجيريا و65 % إلى أنجولا و192 % إلى بنين (بسبب الزيادة الكبيرة في صادرات النفط غير الخام والمركبات وقطع الغيار) 46.2 % إلى غانا.

(2) أهم الواردات: المجوهرات وقطع غيار الحلي؛ والجوز والفواكه ومنتجات عصير الفواكه؛ والمنتجات الجلدية والبلاستيك ومنتجاته ومعجون الكاكاو.

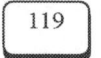

منتجات الوقود هذه، فإن قيمة الواردات بموجب قانون أجوا من المنتجات الأخرى 5. 1 بليون دولار، بزيادة قدرها 51. 2 %، وكلها تقريبا من جنوب أفريقيا. أما أكبر خمس دول استفادت من قانون الفرص والنمو في عام 2008 فكانت نيجيريا وأنجولا وجنوب أفريقيا وتشاد وجمهورية الكونغو. والدول الأخرى الرئيسية المستفيدة من قانون أجوا هي الجابون، والكاميرون وليسوتو ومدغشقر وكينيا وسوازيلاند وموريشيوس

ج) سياسة المساعدات الأمريكية تجاه إفريقيا؛ إذ لا يخفى أن الرؤية الأمريكية الجديدة التي ترفع شعار التجارة بدلاً من المساعدات لا تعني إلغاء أو تخفيض المساعدات الأمريكية المقدَّمة للقارة، ولكنها تركز على مبدأ المساعدة من أجل دعم جهود الإصلاح الاقتصادي والسياسي - حسب المتطلبات في المنطقة.

د) الاستفادة من التجمعات الاقتصادية الإقليمية في إفريقيا، مثل جماعة تنمية الجنوب الإفريقي "السادك"، والجماعة الاقتصادية لغرب إفريقيا "الأكواس".

هـ) فتح خطوط طيران مباشر من دول غرب أفريقيا الى الولايات المتحدة.

ثانيا: - السيطرة على النفط الأفريقي: حيث يعد نفط إفريقيا ضرورة قومية للولايات المتحدة التي تستورد 10% من احتياجاتها النفطية من هناك خاصة بعد أن تجاوزت إنتاجيته عام 2000 أربعة ملايين برميل في اليوم (أي أكثر من فنزويلا، إيران والمكسيك، وهناك مخزون هائل في منطقة

خليج غينيا يقدر بمليارات البراميل). وافريقيا بذلك تتميز بأهمية استراتيجية يمكن أن تعزز الأمن القومي الأمريكي. وبالنظر الى أن الشعوب الأفريقية لا تنعم بعائدات النفط التي يتلاعب به الحكام، وأن النفط بات نقمة وليس نعمة في كثير من الدول النامية بما يؤدى إليه من إشعال لحروب أهلية كما في السودان وانجولا، فإن ذلك يستوجب حماية استثمارات شركات النفط الأمريكية مثل اكسون موبيل وشيفرون وغيرها في المنطقة والتي تقدر بعشرة ملايين دولار سنوياً. وأهم أدوات السياسة الأمريكية في ذلك:

أ) العمل على منع الصراعات وإنهاء النزاعات وتكثيف التواجد العسكري الأمريكي في مناطق النفط وخطوطها لتحقيق الاستقرار(والتدخل إلى لزم الأمر كما حدث بليبيريا)، ومن هنا أهمية وجود قوات أمريكية في الساحل الغربي لإفريقيا لتأمين أنابيب النفط " تشاد - الكاميرون " والذي يضخ 250 ألف برميل نفط يوميا.

ب) استثمار الشركات النفطية الأمريكية العملاقة في المناطق الإستراتيجية النفطية في أفريقيا والتي أثبتت الأبحاث وجود مخزون نفطي استراتيجي بها، وأهمها خليج غينيا مما دفع الشركات النفطية الأمريكية العملاقة مثل " أكسيون - موبيل - شيفرون " إلى العمل على إقامة فروع ضخمة لها خلال السنوات القادمة في خليج غينيا الإستراتيجي.

ج) تشكيل مجموعة "المبادرة السياسية للنفط الأفريقي" وهذه المجموعة تضم ممثلين عن الإدارة الأمريكية وشركات النفط في القطاع الخاص

الأمريكي، وعدد من زعماء الدول النفطية الأفريقية. وقد أصدرت هـذه المجموعة كتاباً بعنوان " النفط الأفريقي أولوية الأمن القومي الأمريكي والتنمية الأفريقية". وقد أصبحت هذه المجموعة بمثابة لوبي أمريكي يتحرك في أفريقيا لتأمين مصالح أمريكا النفطية، وقامت هـذه المجموعة بالضغط على نيجيريا للانسحاب مـن منظمة الدول المصدرة للنفط "أوبك"، كما تحث الولايات المتحدة على التركيز على إفريقيا كمصدر رئيسي ـ للنفط وان تؤسس لها وجوداً عسكرياً هناك.

د)   اعتماد دبلوماسية الزيارات وتكثيفها لمناطق النفط وإعدادها ليكون لها دور إقليمي وتعاون عسكري واقتصادي مـع الولايـات المتحدة.

هـ)   معاملة واهتمام خاص بالدول ذات المخزون النفطي: يتمثل ذلك في تغـاضي الولايـات المتحـدة عـن بعـض الأنظمـة الإسـتبدادية الأفريقية بسبب دعم مصالحها النفطية في أفريقيا، فمثلاً تتساهل واشنطن عن غينيا الإستوائية والتـي عـلى رأس اللائحـة الأمريكية للدول التي تنتهك حقوق الإنسان بالنظر الى امتلاك هذا البلد لإحتياطي نفطي يقدر بملياري برميل. كما تتخلى الولايات المتحدة عـن منطـق المسـاعدات المشـروطة وتغـض الطـرف عـن بعـض الإنتهاكات.

ثالثاً: تقليل الفقـر وتحسـين الاوضاع الصحية: فتتعدد المبادرات الأمريكية تجاه القارة الأفريقية في محاربـة الامـراض وبخاصة الملاريا والايدز. كما يعد الحفاظ على ثراء الطبيعة والحياة الحيوانية والنباتيـة والموارد الطبيعية ذو أولوية للمنظمات الأمريكية غير الحكومية. مبادرة مكافحة الملاريا و التى أعلنتها الولايات المتحدة في أفريقيا لمـدة عشرة

سنوات (اعلنتها وكالة **USAID** في 22 ابريل 2010).

3) **أما أهم المناطق والدول ذات الأهمية الاستراتيجية للولايات المتحدة الأمريكية بالقارة الأفريقية:**

لعل أبرز توجهات السياسة الأمريكية في القارة الأفريقية هو التركيز على مناطق إقليمية معينة، واختيار دولة أو أكثر لممارسة دور القيادة فيها.

نيجيريا:

- بداية تجدر الاشارة الى أن منطقة غرب أفريقيا كلها تعد - كما وصفها مركز واشنطن للدراسات الإستراتيجية والسياسية أمام إحدى لجان الكونغرس - بأنها « أهم المناطق في العالم بالنسبة للولايات المتحدة» وحيث من المقترح إنشاء قيادة عسكرية امريكية في منطقة جنوب الاطلنطي للسماح للبحرية الأمريكية والقوات المسلحة بالتحرك السريع لحماية المصالح الأمريكية ومصالح الحلفاء في غرب إفريقيا. وحتى أصغر الدول بالغرب الأفريقي -كالرأس الأخضر- حظيت باهتمام امريكي وكانت محطة لزيارتين (هيلاري كلينتون في اغسطس 2009، والمساعد للشئون السياسية في ابريل 2010) فهو تعد من أقوى شركاء الولايات المتحدة في مجال مكافحة المخدرات كما أنها تحظى بدعم أمريكي كبير من خلال مؤسسة تحدي الألفية **MCC**[1] حيث تعد الدولة الوحيدة المنتمية لفئة الدول ذات الدخل

(1) مؤسسة مبتكرة للمعونة الأمريكية الخارجية أسسها الكونجرس الأمريكي عام 2004 لتكون لها الريادة في مكافحة الفقر في الدول الملتزمة لمعايير الحكم الجيد والاصلاح الاقتصادي وتقوم المؤسسة باعطاء منح كبيرة (لفترة 5 سنوات) وقصيرة، وعدد

المتوسط و التى بدأت في الاستفادة من المرحلة الثانية لتعاونها مع المؤسسة.

- وتُمثل نيجيريا بالنسبة للولايات المتحدة الأمريكية من داخل هذه المنطقة أهمية إستراتيجية بالغة تنبع من كونها:

أولاً: رابع أكبر دولة مصدرة للنفط للولايات المتحدة على الرغم من العقبات الأمنية التي تواجها عملية استخراج النفط وإنتاجه في منطقة الدلتا النيجيرية، وارتفاع معدلات الجريمة، والقرصنة، وتهريب الأسلحة، وغسيل الأموال في منطقة خليج غنيا.

ثانيًا: تُعتبر نيجريا شريكًا وعنصرًا في حفظ الأمن الإقليمي من خلال مشاركتها بقوات في عمليات حفظ السلام، والقيام بمبادرات تهدف لإنهاء النزاعات في كل من ليبيريا وسيراليون، ذلك فضلاً عن قيادتها لمجلس السلم والأمن الإفريقي. ذلك على الرغم من تضاؤل ذلك الدور في الآونة الأخيرة مع ضعف الحكومة الفيدرالية النيجيرية وإثقال كاهلها بالمشكلات والاضطرابات الداخلية. هذا وتضع الولايات المتحدة نيجيريا في قائمة الدول الـ14 موضع الاهتمام الراعية للارهاب منذ ديسمبر 2009 بالنظر لملابسات الحادث الارهابي الذى كان مخططاً له بطائرة أمريكية ليلة عيد الميلاد.

ثالثاً: وجود مليون نيجيرى، ونيجيرى أمريكي يعيشون في أمريكا وفي المقابل يعيش أكثر من 25 ألف أمريكي ويعملون في نيجيريا.

- وتركز الدبلوماسية الأمريكية – من خلال الزيارات والسفير الأمريكي

الدول المستفيدين من المؤسسة 49 دولة بأفريقيا وأمريكا اللاتينية واوروبا وآسيا

المعتمد لديها - على مكافحة الإرهاب ونمو التيار الإسلامي بالبلاد مع ممارسة ضغوطه على كل من الحكومة الفيدرالية والجماعات المسلحة من أجل الالتزام بتعهداتهما، كما من خلال اختيار التوقيات المناسبة لإلقاء الخطابات وإجراء المقابلات التي من شأنها تحفيز الرأي العام المجتمعي نحو ضرورة الإصلاح. كما يجعل الوضع الحالي لنيجيريا -كعضو غير دائم بمجلس الأمن - هناك تنسيق أمريكي - نيجيري لتوقيع عقوبات على ايران من منظور مكافحة انتشار الأسلحة النووية

القرن الإفريقي:

- تكتسب منطقة القرن الإفريقي أهمية خاصة للدول الكبرى بصفة عامة والولايات المتحدة بصفة خاصة نظراً لموقعها الإستراتيجي، فدوله تطل على المحيط الهندي من ناحية، وتتحكم في المدخل الجنوبي للبحر الأحمر حيث مضيق باب المندب من ناحية ثانية. ومن ثم فإن دوله تتحكم في طريق التجارة العالمي، خاصة تجارة النفط القادمة من دول الخليج والمتوجهة إلى أوروبا والولايات المتحدة. كما أنها تُعد ممراً مهماً لأي تحركات عسكرية قادمة من أوروبا أو الولايات المتحدة في اتجاه منطقة الخليج العربي. ولا تقتصر أهمية القرن الإفريقي على اعتبارات الموقع فحسب، وإنما تتعداها للموارد الطبيعية، خاصة بعد استخراج البترول في السودان ودول أخرى. ولأثيوبيا علاقات تاريخية ومتميزة مع الولايات المتحدة وحواراً استراتيجياً مستمراً يدعمه استضافتها لمقر منظمة الاتحاد الافريقي.

- كما تُعتبر منطقة القرن الإفريقي من أكثر المناطق التي تعج بالصراعات والنزاعات منذ نهاية الحرب العالمية الثانية وحتى الآن، لعل أبرزها؛ السودان التي تعاني من حرب أهلية طويلة المدى بين الشمال والجنوب، ذلك فضلاً عن الصراع الدائر في إقليم دارفور غرب البلاد، وصراعاتها على فترات متباعدة مع دول الجوار لاسيما تشاد. أما إثيوبيا فلا تزال في صراع دائم مع جارتها إريتريا، كما تزداد الانشقاقات والصراعات في الصومال بين الحكومة والمتمردين الإسلاميين وبين الصومال وإثيوبيا. كما تعاني جيبوتي من صراعات دورية بين الحكومة والحركات المعارضة لاسيما جبهة استعادة الوحدة والديمقراطية ونزاعها الحدودي مع إريتريا.

- وقد تغير الموقف الأمريكي من الأنظمة الحاكمة في المنطقة مع أواخر الثمانينيات وبداية التسعينيات؛ حيث سعت الولايات المتحدة إلى تحقيق هدفين أساسيين في المنطقة هما: إعادة ترتيب الأوضاع الإقليمية في وسط أفريقيا، ومحاولة عزل نظام حكم الجبهة الإسلامية في السودان. ولذلك عملت الولايات المتحدة على تدعيم وتعزيز روابطها العسكرية والاقتصادية مع أوغندا بزعامة رئيسها موسيفيني التي اعترفت لها الولايات المتحدة بدور إقليمي متميز، وساعدتها على لعب دور أكبر بكثير من إمكانياتها، ورواندا تحت حكم الجبهة الوطنية التي تمثل الأقلية من التوتسي ـ وقد شملت هذه الروابط تقديم مساعدات عسكرية للبلدين من خلال برنامج المبيعات العسكرية الخارجية التي يديرها البنتاجون، وبرنامج المبيعات التجارية الخاصة، وبرنامج التعليم والتدريب العسكري الدولي.

- ومن جهة أخرى دعمت الولايات المتحدة موقف الحكومتين الرواندية والأوغندية الداعم لتحالف قوى المعارضة في الكونغو الديمقراطية بقيادة لوران كابيلا حتى استطاع كابيلا إسقاط نظام موبوتو عام 1997م، وشجعت التدخل الأجنبي في شؤون الكونغو بحجة دعم حركة التحول الديمقراطي بها. وعندما تراجع كابيلا عقب توليه السلطة عن وعوده للولايات المتحدة شجعت تمرداً عليه تدعمه رواندا وأوغندا بهدف الإطاحة به؛ إلا انه استطاع أن يحصل على مساندة دول أخرى مثل زيمبابوي وأنجولا وناميبيا وهو ما وسع نطاق الصراع في منطقة البحيرات العظمى بتحويل الحرب الأهلية في الكونغو إلى حرب إقليمية واسعة.
- وتركز الدبلوماسية الأمريكية جهودها، بشكل كبير، على السودان والصومال ولديها تصورات خاصة بهما يحكمها سياق الاستراتيجية الامريكية العامة لمحاربة الارهاب.
- أما جيبوتي فتتميز بوجود القاعدة الأمريكية الإقليمية الرئيسية بها في إفريقيا، فبالرغم من أن جيبوتي محسوبة على فرنسا؛ حيث يوجد بها أكبر قاعدة فرنسية في المنطقة، إلاّ أن الولايات المتحدة عملت على تكثيف الوجود العسكري.

منطقة البحيرات العظمى

- يرجع اهتمام الولايات المتحدة بالانخراط والقيام بدور فعال في منطقة البحيرات العظمى إلى عام 1960عندما تدخلت في الكونغو الديمقراطية مع بزوغ الإرهاصات الأولى للفوضى، ودور وكالة

الاستخبارات الأمريكية في اغتيال لومومبا، وعلى الرغم من القناعة الأمريكية الراسخة بضرورة دعم الكونغو الديمقراطية لتتجاوز أزماتها إلا أن التدخل كان غير مكتمل الأركان وفشل بصورة أو بأخرى في وضع حلول جذرية لمشكلات الدولة، حتى تقوية وتدعيم الجيش الوطني ليكون عنصرًا لتحقيق الاستقرار وحفظ الأوضاع الأمنية وحماية السكان وحل الانقسامات بين الكونغو الديمقراطية ورواندا لم تنجح الولايات المتحدة في تحقيقها. كما أعطت الولايات المتحدة القيادة والريادة لدول ومنظمات أخرى في الكونغو لاسيما الأمم المتحدة والاتحاد الأوروبي.

جنوب أفريقيا:

● تهتم السياسة الأمريكية بصفة عامة بتدعيم علاقتها بالقوى الرئيسية في القارة، فتهتم في هذا الإطار بتدعيم علاقتها مع نيجيريا التي تمثل اكبر شريك تجاري للولايات المتحدة في أفريقيا وثالث مصدر للنفط للولايات المتحدة. وتسعى السياسة الأمريكية إلى تحقيق مصالحها الاقتصادية والاستراتيجية في غرب أفريقيا من خلال إعادة تقويم سياستها مع نيجيريا بما يحقق عودة الحكم المدني إليها. وفي هذه الإطار أيضاً تنظر الولايات المتحدة إلى جنوب أفريقيا باعتبارها حليفاً استراتيجياً؛ إذ تمثل ثاني اكبر شريك تجاري للولايات المتحدة في أفريقيا، وتعتمد عليها في تحقيق الاستقرار والنمو الاقتصادي في منطقة الجنوب الأفريقي. كما أن جنوب أفريقيا تقع على رأس قائمة الدول المستهدفة في الاستراتيجية الأمريكية في مؤتمر المراجعة لمعاهدة الانتشار النووي.

المبحث الثالث: السياسة الخارجية الأمريكية
تجاه منطقة وسط آسيا

لمنطقة وسط آسيا أهمية بالغة في السياسة الخارجية الأمريكية، بسبب تأثيرها المباشر على ميزان القوة الدولي المستقبلي في ظل بزوغ أطراف دولية جديدة جميعها آسيوية على رأسها الصين، هذا بالإضافة إلى سيطرتها على مصادر الطاقة وطرق نقلها. فالتهدئة مع معسكر المناوئين والتقارب مع إيران (على اختلاف درجاته) يحقق للولايات المتحدة خروجا آمنا من العراق، ويوفر دعما لا غنى عنه في مواجهة طالبان يقلل من التكلفة ويزيد من فرص النجاح. ويسمح بتوطيد النفوذ الأمريكي في وسط وشرق آسيا. وانطلاقا من أن معركة أوباما الأولى في العالم الإسلامي تقع في جناحه الشرقي وليس في قلبه الأوسط، أي أنها معنية بالأساس بمواجهة طالبان والقاعدة مواجهة فعالة وحاسمة في كل من أفغانستان وباكستان. ومن أجل ذلك، ولأسباب أخرى كثيرة، احتلت معالجة الملف النووي الإيراني أهمية فائقة. في حين أن الصراع العربي الإسرائيلي على أهميته لا يمثل تهديدا حالا ومباشرا للأمن القومي الأمريكي – من منظور الساسة الأمريكيين – بقدر ما يمثل مدخلا ملائما لكسب مساندة حلفاء الولايات المتحدة في تحركاتها في وسط وشرق آسيا.

وتتبوء منطقة بحر قزوين أهمية خاصة في وسط آسيا، وهي المنطقة التى لم تكن معروفة للعالم منذ حوالي عشرة أعوام، فكانت عبارة عن مقاطعات تابعة للجمهورية السوفيتية، ولم تكن هذه المنطقة تحظى بالاهتمام لا من الناحية السياسية، أو من الناحية الاقتصادية. ولكن بعد انهيار الاتحاد

السوفيتي حدثت تطورات هائلة في تلك المنطقة، وحصلت ثماني دول على الاستقلال، ومنذ ذلك الوقت، فإن بعض هذه الدول اجتذب اهتمامًا متزايدًا من دوائر السياسة العالمية ووسائل الإعلام. وهذا الاهتمام كان لعدد محدود من دول بحر قزوين، وهي: { أذربيجان - كازاخستان - تركمانستان - أوزبكستان - طاجيكستان - وقرغيزستان}، حيث برزت المنطقة إلى الوجود لأنها منطقة غنية بالنفط حتى اصبحت تعتبر انها المنطقة الثانية بعد الخليج العربي من حيث مخزونها النفطي المؤكد والمحتمل، وهو مخزون كان مجهولاً ابان عهد الاتحاد السوفياتي، حيث كانت الصناعة النفطية تتركز في غالبيتها العظمى في اراضي الفيدرالية الروسية، واقتصرت حصة المناطق الاسيوية من الانتاج النفطي على ما لا يزيد على 7% من مجمل انتاج الاتحاد السوفياتي. وتتميز هذه المنطقة، شأنها في ذلك شأن منطقة الخليج العربي، بانها منطقة متخلفة اقتصادياً وسياسياً واجتماعياً، الامر الذي يؤهلها لأن تكون اهدافاً سهلة في صراعات القوى الدولية.

بالاضافة لذلك هناك أهمية استراتيجية لهذه المنطقة، وهذه الأهمية ترجع إلى أن بحر قزوين يقع في نقطة تلاقٍ بين كل من روسيا وتركيا وإيران والصين، وبعد انهيار الاتحاد السوفيتي وجدت هذه الدول المستقلة نفسها خارج نطاق السيطرة للقوى العظمى، ولكنها مرتبطة معها بطرق مختلفة جغرافيًا واقتصاديًا وثقافيًا مثل روسيا وإيران. كما أدى انهيار الاتحاد السوفيتي في 1991، إلى انطلاق الحركات الإسلامية في منطقة آسيا الوسطى، وهذا الأمر أدى لمزيد من الاهتمام بها واعتبارها مصدر تهديد، وذلك بسبب تأثر الجوار على تلك المنطقة، فهناك مثلاً إيران التي تتسم بخطها الثوري من ناحية، وأفغانستان التي عانت من ويلات الحروب،

وكذلك الحرب الأهلية التي دارت لفترة طويلة في طاجيكستان.

وتمثل التيارات الإسلامية بهذا الشكل تهديداً على أمن الطاقة في آسيا الوسطى (من خلال النوع العنف والهجمات الإرهابية، أو التهديد من جانب الجماعات الإسلامية المتطرفة)، وكذا إمكانية حدوث المشكلات التي يمكن أن تؤثر على نفط الأمن والغاز على المدى طويل الأجل. بالإضافة الى ذلك تثور مشاكل تتعلق بالوضع القانوني لبحر قزوين، والنزاع بين الدول على ثرواته حيث يظل النزاع بين الدول الخمس المطلة: إيران وكازاخستان وأذربيجان وتركمانستان وروسيا، على بحر قزوين، في اقتسام ثرواته من أكثر المشكلات استعصاء، إذ تحاول هذه الدول البحث عن مقدار حصصها، وتحاول روسيا من جانب آخر ممارسة دور الأب الروحي الذي يحق له الحصول على نصيب الأسد في هذه الثروة

وتتشكل المنافسة الدولية الراهنة على نفط بحر قزوين من اربعة لاعبين رئيسيين هم: الولايات المتحدة، اوروبا، روسيا والصين، يليهما لاعبان يشكلان قوتين على المستوى الاقليمي هما ايران وتركيا، ثم تأتي الدول النفطية ذاتها والدول المحيطة بها كمعابر في الدرجة الثالثة.

الصين

لا توجد استراتيجية على المدى الطويل تتبعها الولايات المتحدة تجاه الصين وانما تتبع تكتيكات تفرضها الظروف، ويبقى الهدف الاستراتيجى تقسيم واحتواء الصين. وبشكل عام لا يوجد اتجاه واحد داخل النخبه الامريكيه تجاه الصين، فهناك اتجاهين(1):

---

(1) محمد بيلا، السياسه الخارجية الامريكية تجاه الصين، 5 أغسطس 2008، http://www.maktoobblog.com

الاتجاه الاول: يرى أن الصين عدو قائم او قادم ويعارضون سياسة المهادنه التى تتبعها الولايات المتحدة مع الصين و التى ستجعل من الصين اقوى، وبمساعدة امريكا نفسها ستصبح الصين قوه مهدده للولايات المتحده ولذلك فهم يرون ان انجح طريقه هو استعداء الصين او رسمها كعدو، وان على صانعى القرار في الولايات المتحدة ان يدركوا ان الصين هي اكبر مهدد للامن القومي الامريكي. ولذلك من الضروروي تقوية التحالف العسكري مع اليابان ودول اخرى في منطقة اسيا – الباسفيك على اعتبار ان نمط الايدولوجيا سيبقى عائقا امام تطوير العلاقات الأمريكية الصينية.

اما **الاتجاه الثاني:** يري انه ليس من مصلحة امريكا معاملة الصين كعدو (فإذا عاملت الصين كعدو تصبح عدو)، ويفضل أنصار هذا الاتجاه ضمها داخل النظام العالمى عبر اساليب ترغيبيه مثل (الانضمام الي منظمة التجارة العالميه، الاستثمار داخل الصين، الاعتراف بالدور الاقليمي الصيني في منطقة اسيا) وهكذا تتمكن الولايات المتحدة من منع الصين من تهديد المصالح الأمركية. وهذا لا يمنع من استخدام بعض الاساليب الترهيبيه (كفرض عقوبات تجاريه واثارة قضايا حقوق الانسان والحريات الدينيه) كلما دعت الضرورة.

ولا تسير العلاقات الامريكية الصينية علي وتيرة واحدة ولكنها متأرجحه بين التعاون والصراع، وأبرز محددات العلاقات الصينية الأمريكية:

1) المحدد الاول حاجة كلا الطرفين الطرف الآخر، وان اختلف معه وربما يفسر هذا الأمر مستوى التعاون بعد كل خلاف تشهدن علاقات البلدين.

2) يتمثل المحدد الثاني في سيطرة المنظور أو الفكـر الـواقعي فى إدارة كل طرف لعلاقاته مع الطرف الآخر وذلك من خـلال التركيـز عـلى اعتبارات الرشادة في إدارة العلاقات الدولية دون الرغبة في تقديم أية تنازلات. وتحقيق المصالح الأمريكية على علاقة شراكة مع قوة كبرى صاعدة، وعلى منع اليابان وبلدان آسيا المجاورة من التعاون المفتوح مع بكين، و على إبقاء التطـور والنفـوذ الأمريكي الصيني تحت المراقبة الأمريكية الدائمة

3) أما المحدد الثالث فيتمثل في تأثير العوامل الداخلية على العلاقات الصينية - الأمريكيـة، إذ يبرز دور الإعلام والكـونجرس الأمريكي وكـذلك جماعـات حقـوق الإنسـان في الضـغط عـلى الإدارات الأمريكية لدفعها لاتباع سياسة متشددة تجاه الصين. ومـن ذلك دور الكونجرس في التأثير عـلى القيادات الأمريكية فيما يتعلق بقضايا حقوق الإنسان في الصين.

وهكـذا يـرتبط مسـتقبل المصـالح الأمريكيـة باسـتقرار آسـيا، واستقرار آسيا مرتبط بدور الصين الإقليمي، ودور الصين لا يمكن ضبطه والتحكم فيه إلا بتوثيق العلاقات معها، لوقف انتشار الأسلحة النوويـة والكيماوية والبيولوجيـة، ويمهد لهذا الـدور، مـا حـدث مـن انتقـال تدريجي من كون الصين إحدى كبريات الدول المصدرة لتقنيـات هـذه الأسلحة، إلى دولـة تنضـم للعديـد مـن معاهـدات وقـف انتشارها، وأوقفت مساعداتها النووية لكل مـن إيران وباكستان أو عـلى الأقـل تناور بها في ظل بيئة دولية مراوغة. أما اكثر القضـايا المثيرة للخلافات بين البلدين فهي قضية تايوان حيث تعد تايوان حجر عثر امام اي محاولة تقدم متين بين البلدين فبمجرد اثارة

القضية التايوانية تتأزم العلاقة بينهما ويري عدد من المسؤلين الصينين والمهتمين ان هناك غرض أساسي للافعال الامريكية تجاه تايوان والتبيت وهو محاولة زرع بذور التفتيت في الصين، وبين الحين والآخر تثير مبيعات الاسلحة الى تايوان حفيظة الصين وتندد بها بشكل مستمر.

وتاريخياً، ومنذ دخول الصينيون الشيوعيون شنغهاي واعلان جمهورية الصين الشعبيه، نظرت الولايات المتحدة لذلك باعتباره تهديدا للمصالح الوطنية الامريكية. وهكذا بدأت قصة العداء بين البلدين في اوائل الخمسينات، ففي عام 1950 وقعت الصين تحالفا عسكريا مع الاتحاد السوفيتي -العدو اللدود للولايات المتحدة - وكذلك عندما بدأت الحرب الكورية في وقت لاحق من ذلك العام، وجدت الولايات المتحدة نفسها سريعا تقاتل الصينيين في ساحات المعارك. ثم تغير الموقف قليلا في الستينات عندما بات الانقسام واضحا بين الصين والاتحاد السوفيتي وذلك لعدة اسباب لعل من أهما هو تخاذل الاتحاد السوفيتي في مساعدة الصين من اجل امتلاك اسلحة نوويه. ومن هنا استسعت الفجوة بين الصين والاتحاد السوفيتي وفي نفس الوقت ظهر التقارب بين الصين والولايات المتحدة في مواقف كثيره حول عدد من القضايا كما وجدتا مصالحهما في التحالف ضد الاتحاد السوفيتي ودخلتا في ما يمكن اعتباره تحالفا محدودا.

ومنذ الزيارة التاريخية التي قام بها ريتشارد نيكسون إلى الصين سنة 1972، سعى كافة رؤساء الولايات المتحدة إلى المصالح الأمريكية بالتعاون مع الصين، ولكن ذلك لم يكن خاليا من محاولة انتهاج سياسات متشددة تجاه بكين في البداية. في سنة 1980 اقترح رونالد ريغن خلال

حملته الانتخابية، أنه سوف يستعيد العلاقات الدبلوماسية مع تايبي.

وعام 1996 حاول الأمريكيون استغلال الحالة الصحية المتردية للزعيم دينغ، وتحريك مشكلة وراثته بين القوى السياسية والحزبية والعسكرية، وراهنوا على انفجار صراع السلطة الدموي بعد وفاته، وعلى توليد صراعات عسكرية وسياسية وعرقية وطائفية.. لكن تلك الوفاة عام 1997 لم تفجر خلافات على السلطة بين أنصاره، ولا عطلت مسيرة الإصلاحات، ولا عرقلت التطور الاقتصادي والعسكري للصين الحديثة، وتمكن (زعيم الحزب) جيانغ زيمين من السيطرة على الموقف والحفاظ على الأمن الوطني والاستقرار السياسي، بل إنه نجح في استكمال خطة عودة جزيرة هونج كونج إلى الوطن رغم المناورات والمراوغات البريطانية. وبذلك سقط الرهان الأمريكي على تفكك القيادة المركزية الصينية تحت وطأة الصراع على السلطة واضطرت الإدارة الأمريكية إلى الاعتراف بفشل سياستها العدائية تجاه الصين واقتضت الواقعية السياسية الأمريكية أن تعيد النظر في الاستراتيجية الأمريكية تجاه بكين، فاندفع التقارب بين البلدين بوتيرة متسارعة مع استمرار المخاوف من الأخطار التي تمثلها تنامي القوة الصينية (عسكريا واقتصاديا ومناطق نفوذ) على مصالح واشنطن في زمن زيمين (الذي أعطى أولوية خاصة لتطوير القوة العسكرية الاستراتيجية للصين).

وتعد فترة الرئيس كلينتون نجدها من اكثر الفترات دفئا في العلاقات الامريكية الصينية، إذ حرص كلينتون على بث روح جديدة من خلال عقد عدة تفاهمات واتفاقات مع الصين مثل اتفاقية الاولوية في التجارة

وتبني مفهوم الشراكة الاستراتيجية. ولم تخرج السياسة الامريكية تجاه الصين عن هذا المنوال في عهد بوش الابن، حيث التقي بوش في اكثر من مرة بنظيره الصيني، فضلا عن زيارات متبادلة لمسئولين صينيين وامريكان، وهو ما دفع البعض الى القول ان العلاقات بين الطرفين تتمتع بفرص لتحقيق مزيد من النمو. وكان لاحداث 11 سبتمبر تاثير كبير في حرص الادارة الامريكية في عدم اثارة الصين، لذا فان الولايات المتحدة دعمت بشدة دخول الصين الى منظمة التجارة العالمية كما وضعت انفصالي تركمستان الشرقية والتي تطالب بمنح الاقليم حق تقرير المصير في لائحة المنظمات الارهابيه. وتجاهلت الولايات المتحدة كل الاختلافات في سبيل استمرار التعاون، وسعت الولايات المتحدة الي اقامة علاقات بناءة مع الصين في المجالات التي تشترك فيها مصالحهما مثل(مكافحة الارهاب والجريمة المنظمة والهجرة غير الشرعية وشبه الجزيره الكوريه ومخاطر الصحة والبيئة) واكدا على اهمية العلاقات التجارية بين البلدين فالصين تعتبر الشريك الرابع للولايات المتحدة حيث بلغ حجم التجارة بين البلدين نحو مائة مليار دولار امريكي.

وبالرغم من انتقاد بوش الابن في سنة 2000 سياسة إدارة كلينتون لأنها أقامت "شراكة استراتيجية" مع الصين. ومنذ سنة 2006 صار الحوار الاستراتيجي الاقتصادي الإطار الذي تناقش فيه الصين والولايات المتحدة الموضوعات المتعلقة بالعلاقات الاقتصادية الثنائية. ويمكن القول إن مستقبل العلاقات بين البلدين لم يعد محكوما فقط بالمصالح التجارية والاقتصادية بين البلدين أو بالإستراتيجية العسكرية والأمنية لهما؛ ففي كل الأحوال يستطيع الطرفان تحقيق قدر ما من التوازن في مجمل هذه العلاقات في

العقود الثلاثة المقبلة رغم الافتقار إلى الثقة المتبادلة على الصعيد السياسي بعد أن تمكنا من إحداث تطوير إيجابي نسبي في علاقتهما معا وهو ظهر في زيارة الرئيس الصيني للولايات المتحدة مؤخرا. فقد تحولت العلاقات الصينية الأمريكية خلال الثلاثين سنة المنصرمة لتصبح العلاقات الثنائية الأكثر أهمية في العالم، وهو الأمر الذي انعكس في لقاء هو جين تاو - أوباما في لندن في ابريل 2009 وتعريفهما للعلاقات بأنها نشيطة وإيجابية وشاملة، وعزمها تطوير أوسع وأشمل لآليه الحوار الاقتصادى - الاستراتيجى بتحول التعاون بين والولايات المتحدة من الموضوعات الثنائية الى الموضوعات المتعددة الجوانب مما يرتقى بالتعاون بين البلدين الى مستوى أعلى، ويرفعه الى مستوى حكومى شامل (كان هناك أكثر من 60 آلية تشاور بين الصين والولايات المتحدة قبل ذلك، فخلال الفترة من أغسطس 2005 الى ديسمبر 2008 أقامت الصين والولايات المتحدة 6 حوارات استراتيجية و5 حوارات اقتصادية). وانفاذا لهذا الاتفاق افتتح الرئيس أوباما للجولة اولى من الحوار و التى عقدت بواشنطن (29 - 30 يوليو 2009)، ثم عقد فى بكين على مدى يومين (24 و25 مايو 2010)[1] الجولة الثانيه من الحوار الاستراتيجى والاقتصادى الصينى -

---

(1) شمل الحوار الموضوعات الخلافية التالية:-

أ- التصعيد فى الأزمة الكورية الناتجة عن غرق بارجة كورية فى مارس 2010، حيث اتفق الطرفين على أهمية حل الأزمة الراهنة، واختلفا فى دعم الولايات المتحدة للجوء كوريا الجنوبية للتعامل مع كوريا الشمالية عن طريق مجلس الامن، فى حين امتنعت الصين عن اتهام كوريا الشمالية (حليفتها الاساسية) وأعربت -فقط- عن أسفها للحادث، وطالبت بضبط النفس ولم تعلن الصين عن موقفها اذا =

= ما طرحت سول قضيتها بمجلس الامن.

ب- الملف النووى الايرانى، والذى مازال الموقف الصينى فيه على ما هو عليه برغم جهود الولايات المتحدة مع الصين لمجارتها فى تشديد العقوبات.

ج- العلاقات الاقتصادية والتجارية بين البلدين فى ضوء سعى الولايات المتحدة للوصول الى ميزان تجارى أكثر توازنا مع الصين وملائمة سعر صرف اليوان والذى مازال ما هو عليه من اكثر من عامين (2008)، وقد كانت أهم النتائج الايجابية لهذة الجولة من الحوار هو الوعد الصينى بإجراءات اصلاحات اضافية للاجراءات التى تعتمدها الحكومة الصينية للسيطرة على سعر صرف عملتها إلا ان الرئيس الصينى لم يعط موعد لذلك.

د- توتر العلاقات السياسية والعسكرية بين الجانبين من جراء القرار الامريكى ببيع الاسلحة الى تايوان وانسحاب شركة جوجل من السوق الصينية واللقاء الذى جمع بين الرئيس الامريكى والزعيم الدينى للتبت (الدلاى لاما).

هـ- اهمية تطوير العلاقات الصينية الامريكية ودور العلاقات البناءة بين الطرفين فى تعزيز السلم والأمن والازدهار فى منطقة آسيا والمحيط الهادى، وفى العالم ككل، بالنظر لعضويتهما الدائمة فى مجلس الامن، واعتبار الصين اكبر دولة نامية والولايات المتحدة أكبر دولة متقدمة (وصفت أجهزة الإعلام الحوار بانه لقاء القطبين). وأكدت فى هذا الصدد وزيرة الخارجية الامريكية حرصها على "التعاون" مع الصين بدلاً من "التنافس" معها مما يؤدى لمكاسب للجانبين.

و- التعاون العسكرى، فالولايات المتحدة أملت فى ان يتم استئناف التبادلات العسكرية، و التى توقفت فى يناير2010 إثر موافقة أوباما على صفقة بيع أسلحة لتايوان، وقد عقد لقاء بين القيادات العسكرية بالجانبين بحثا خلاله التقارير والإعلانات الأخيرة للولايات المتحدة بشأن الموقف النووى (و التى شملت لأول مرة الإعلان عن عدد الرؤوس النووية التى تمتلكها).

ز- السعى الى تنسيق المواقف الدولية، فقد أكد الجانبان معارضتهما المشتركة للارهاب وتعهدا تمهيداً بالعمل معاً لتقوية انظمة منع انتشار الاسلحة والحد =

الامريكى والذى افتتحه الرئيس الصينى هو جين تاو، وبالرغم من عدم خروج هذه الاجتماع بنتائج محددة بشأن الموضوعات المطروحة على جدول الاعمال، إلا ان كلا الجانبين اتخذ منحى تصالحياً سواء اثناء المشاورات أو فى التصريحات الصحفية التى تلت المشاورات، وهو ما يشير الى أنه بالرغم من تباعد المواقف إلا ان هناك رغبة فى مواصلة وفي تكثيف التشاور لاستعادة مستوى العلاقات الى ما كانت عليه قبل التوتر الذى شهدته الفترة الأخيرة.

=   منها، والتعاون على نزع فتيل الصراعات فى مناطق النزاع.

ح-   بالنسبة للموضوعات الاقتصادية بالحوار، فبالاضافة الى ما سبق بشأن سعر صرف اليوان، فقد تناول الحوار:

- موضوعات الاقتصاد العالمى، مثل تأكيد اقامة شراكة اقتصادية متبادلة المنفعة والنمو. وبحث الجانبان قضايا تدعيم انتعاش الاقتصاد العالمى وتقييم التطورات الدولية (خاصة تأثير أزمة الديون الحكومية فى اوروبا)، وأهمية تبنى سياسة مالية مستديمة وموضوعات استقرار الأسواق المالية، والنظام المالى العالمى واصلاح مؤسساته (تغيير حصص صندوق النقد الدولى ومنح دور أكبر للأسواق الصاعدة والدول النامية).

- موضوعات التجارة البينية، ووعد الجانب الأمريكى بتخفيف الحظر المعروض على تصدير التكنولوجيا المتقدمة الى الصين (رفضت الولايات المتحدة منح تراخيص استيراد خلال عام 2009 لـ 2% من الطلبات الصينية).

- موضوعات الاستثمار المشترك، حيث طلبت الصين بأن تحظى باعتراف الولايات المتحدة بأنها "اقتصاد سوق"، وان يتم معاملة الشركات الصينية المستثمرة نفس المعاملة التى تحظى بها الشركات الأمريكية، ولم يتم الافصاح عما تم فى هذا الشأن.

- موضوعات الملكية الفكرية، حيث طلب الجانب الأمريكى ان تخفف الصين من سياستها الخاصة "بالابتكارات الوطنية" وفى المقابل أعربت الصين عن عزمها احترام حقوق الملكية العسكرية بشكل أو آخر.

139

إيران:

تعمل إدارة أوباما على مواجهة التحدي الذي يفرضه برنامج إيران النووي بالاعتماد أكثر على الطرق الدبلوماسية وفتح قنوات للحوار، مع التلويح بتشديد العقوبات الاقتصادية. ويأتي ذلك في إطار اتباع الإدارة الأمريكية الجديدة لـنهج السعي للتوافق وفتح قنوات للحوار مع معسكر المتطرفين (كـما درجت عـلى تسـميتهم إدارة بـوش). فمـع مراجعة لأدوات السياسية الخارجية الأمريكية – خاصة تجاه العالم الإسلامي – علت قيمة الأدوات الدبلوماسية (القوة اللينة) في التعامل مع المسلمين، مع توظيفها توظيفا إيجابيا عند استخدام عناصر القوة الصلدة (العسكرية بالأساس) ولكن في جبهة محددة بعناية مثل أفغانستان (بشكل مباشر) أو باكستان (بشكل غير مباشر). وبدلا من مواجهة مفتوحة مع كافة الحركات الإسلامية أو النظم الإسلامية، انحصرت المواجهة العسكرية مع الأطراف الأكثر تطرفا التي تحارب مباشرة الولايات المتحدة، في حين نقلت المواجهة مع الأطراف الأخرى إلى الساحة السياسية والدبلوماسية، مع استعداد أكبر للتفاهم حول الأدوار المستقبلية، حيث ثبت أن خسائر استخدام القوة الصلدة وحدها أكثر بكثير من مكاسبها.

ولم تعد وجهة النظر الأميركية حيال إيران قائمة على اعتبار إيران أحد أهم أضلاع "محور الشر"، بل هناك تعامل جديد يقرّ بمصالحها وحاجاتها ودورها الإقليمي. بيد أن هذه النظرة مرهونة بالتعامل الواقعي للنظام الإيراني مع تلك الحاجات والمصالح وفق منطق يراعي التوازنات الإقليمية والحساسيات الأمنية لدول الخليج.

وتحدد إدارة مسألة الانتشار النووي في الشرق الأوسط كيفية تعامل الولايات المتحدة مع إيران، والولايات المتحدة تواجه في ذلك خيار صعب، فهي من الممكن أن تقبل إيران كدولة قادرة على امتلاك التكنولوجيا النووية، ولكن عليها أن تحاول بشتى الطرق منع إيران من الحصول على المواد النووية التي يمكن أن تستخدمها في صنع السلاح النووي. وفي حالة فشل هذا، فإن على الولايات المتحدة أن تردع القدرات النووية الإيرانية وتمنع الدول الأخرى في المنطقة من تطوير قدرات نووية، أو أن تقرر الولايات المتحدة توجيه ضربة عسكرية ضد المنشآت النووية الإيرانية، مع أن هذا الخيار الأخير ليست مؤكدة فرص نجاحه في تحقيق أهدافه، ويمكن أن يكون له العديد من التأثيرات السلبية على الاستقرار الإقليمي. وهكذا تسعى الدبلوماسية الأمريكية على خلق جبهة مناوئة لامتلاك إيران للسلاح النووي، ولكنها تقع في معضلة التعامل مع الترسانة النووية الإسرائيلية. وفي حالة فشل كلا الخيارين، الدبلوماسي أو العسكري، فإن الولايات المتحدة لن يكون أمامها إلا مد مظلتها النووية لتشمل كل أو بعض دول المنطقة من أجل ردع القوة النووية الإيرانية والحفاظ على حالة التوازن في المنطقة.

وبهذا يعتبر التهديد الايراني[1] أكبر أزمة في السياسة الخارجية تواجه إدارة الرئيس أوباما، فعلى رغم إعتراف الغرب والولايات المتحدة بانَ تهديد ايران ليس عسكرياً، فالردع الايراني، حسب وجهة نظر واشنطن،

---

(1) نوام جومسكي، التهديد الايراني.. الأزمة الاكبر في السياسة الخارجية الاميركية، ترجمة: محمود عسكر، 2010/7/7، شبكة الانترنت -http://www.alalam- news.com/node/259769

ممارسة غير شرعية للسيادة تتعارض مع المخطَطات الأميركية عالمياً، وعلى وجه التحديد تهدَد سياسة الردع الايرانية قبضة الولايات المتحدة الأميركية على مصادر الطاقة في الشرق الأوسط، التي كانت أولوية مطلقة منذ نهاية الحرب العالمية الثانية.. ومؤخراً شدَد الكونجرس من حزمة العقوبات ضدَ ايران، إضافة إلى عقوبات وغرامات قاسية ضدَ الشركات الأجنبية. كما بدأت إدارة الرئيس أوباما بتوسيع قدراتها الهجومية المخزونة في جزيرة "دييغو غارسيا" و التى تستخدمها الولايات المتَحدة الأميركية في مخططَاتها العسكرية ضدَ الشرق الأوسط وآسيا المركزية. فتؤكد البحرية الأمريكية أنَها أرسلت مؤخَراً غوَاصة مموَنة للغوَاصات التي تعمل بالطاقة النووية وتحمل رؤوساً نووية إضافة إلى صواريخ "توما هاوك" التي يُمكنها حمل رؤوساً نووية. معدودة. فقوَة النيران للقوات الأميركية تضاعفت أربعة مرَات منذ عام 2003، وقد زادت تلك القوَة خلال عهد الرئيس باراك أوباما. ولا يفوتنا هنا التأكيد على انَ التهديدات المتصاعدة بتوجيه ضربة عسكرية لايران هي إنتهاك صارخ لميثاق الأمم المتَحدة بشكلٍ عام وقرار مجلس الأمن الدولي رقم 1887 الذي صدر في سبتمبر من عام 2009م والذي أكَد على جميع الدول الأعضاء بضرورة حلَ المنازعات النووية بالطرق السلمية والإمتناع عن إستعمال القوة. ومع ذلك فإن على الولايات المتحدة الأميركية أن تواجه ايران وإلا فسوف تخسر منطقة الشرق الأوسط على الأقل، فإذا ما إستمرَت ايران في برنامجها النووي، فانَ تركيا والمملكة السعودية والدول الأخرى في الخليج العربي والشرق الأوسط سوف تمضي قُدماً كي تلحق بالقوة الايرانية العظمى وهنا يتشكَل تحالف جديد مستقل عن الولايات المتحدة الأميركية

يضاف لذلك فإن السياسة الخارجية النشطة لايران للبحث عـن نفوذ لها وتعاون مع أعداء الولايات المتحدة (مثل تحالفاتها بالقارة اللاتينية خاصة مع البرازيل في مبادرتها التى انضمت لها تركيا) يضيف دوائر جديدة للعداء. واتصالاً بذلك نجد أن مساندة الولايات المتحدة المبدأية للمبادرة البرازيلية بشأن صفقة تخصيب اليورانيوم كان انطلاقا من الثقة من انَ الإعلان سوف يفشل ولن يُطبَق، وبالتالي سوف يوفَر دعاية ضدَ ايران لاحقاً. لكن حينما نجح الإعلان عالمياً، سيطر الغضبُ على الولايات المتحدة الأميركية وبدأت بإضعاف الإعلان وذلك من خلال الإسراع في تهيئة مسودَة قرار للعقوبات في مجلس الأمـن الدولي، ولـذا قامت تركيا والبرازيـل بالتصـويت ضد العقوبـات الأميركيـة في مجلـس الأمن الدولي.

من ناحية أخـرى وبـالرغم مـن عـدم وجـود خـلاف عـن أن أوضح طريـق في تعطيـل تطويـر ايـران لبرنامجهـا النـووي أو للتخفيـف مـن التهديد النووي أو القضاء عليه هو إنشاء منطقـة خاليـة مـن الأسلحة النووية في الشرق الأوسط، فقد ظهر التردد الأمريكي أثناء مؤتمر مراجعة معاهدة عدم إنتشار الأسلحة النووية في نيويورك أوائل شهر مـايو عـام 2010م. فقد إقترحت الحكومة المصرية، بصفتها رئيسة الـدورة الحاليـة لحركة دول عدم الإنحياز (118 عضواً) بأن يساند المؤتمر خطة للبدء في عام 2011م تهـدف إلي ايجـاد منطقـة خاليـة مـن الأسـلحة النوويـة في الشرق الأوسط والتي وافق عليها الغرب بما في ذلك الادارة الأميركية عام 1995. إلا أن الولايات المتحـدة تصرَـ عـلى إستثناء اسرائيـل. فـلا تقبل واشنطن أيَ إقتراح يدعو إلى وضع برنامج اسرائيل النووي تحت مظلـة الوكالة الدولية للطاقة الذرَية أو دعوة موقَعي معاهـدة عـدم إنتشار الأسلحة النووية، بما فيهم الولايات المتَحدة

الأميركيـة، لإطـلاق معلومـات حـول المواقـع النوويـة الاسرائيليـة وأنشطتها بما في ذلك المعلومات المختصَة بتحويلات نووية سابقة الى اسرائيل إلى أن يتحقق السلام الشامل وهو ما يعنى تأخير تنفيـذه إلى أجلٍ غير مسمَى. كما انَ إصرار الولايات المتحدة الأميركية علـى إبقاء المنشـآت والتسـهيلات النوويـة في قاعـدة " دييغو غارسـيا " يضعـف المنطقة الخالية من الأسلحة النووية والتي انشأها الإتحـاد الافريقي، كما تستمر الولايات المتحدة الأميركية في منع إقامة منطقة خاليـة مـن الاسلحة النووية في المحيط الهادئ وذلك عن طريق إقصاء الـدول التـي تسير في فلكها في المحيط المذكور. [1]

مما سبق يتضح أنه لم تنجح جهود الولايات المتحدة في منع البرنامج النووي الإيراني حتـى الآن، خاصـة وأن إيـران أمامهـا – ولأسبـاب فنيـة بحتة – بين عامين وثلاثة أعوام لتكون قـادرة علـى الوصـول إلى مرحلـة التخصيب الذي يمكنها من إنتاج المواد اللازمة للأسلحة النووية، ولذلك فإن صياغة اقتراب دبلوماسي جديـد لمنع إيران مـن امتـلاك القـدرات النووية له أولوية. وهذا الاقتراب –في جزء منه – يجب أن يبـدأ مـن التأكيد على ضرورة عقد مفاوضات مباشرة وغير مشروطة بين الجانبين حول مجموعـة مـن الموضوعات ذات الاهتمام المشـترك، بالإضافة إلى المحادثات التي تقوم بها القوى الأوروبية (فرنسا وألمانيا وبريطانيا) وغيرهـا مـن القـوى الدوليـة الأخـرى خصوصا روسيا والصين والأمـم المتحدة. ولضمان فاعلية هذه المفاوضات، لابد من أن تسعى الولايات المتحـدة إلى الوصـول إلى اتفـاق مـع هـذه القوى حول وجوب دعـم عقوبات اقتصادية وسياسية أكثر تشددا ضد

---

(1) صبحي غندور، مرجع سابق.

إيران، لو أنها رفضت الانصياع لمطالب هذه القوى بشأن برنامجها النووي، وبهذه الإستراتيجية يمكن أن تنجح الولايات المتحدة في إقناع النظام الإيراني بضرورة تحجيم نفوذه النووي.

ومما يزيد من هذه المعضلة إسرائيل التي تشعر بتهديد لوجودها نتيجة امتلاك إيران للقدرات النووية، ولكن مكاسب الخيار العسكري، سواءً من جانب الولايات المتحدة أو إسرائيل، يبدو أنها لا تستحق الخسائر الكبيرة التي سوف تحدث في حالة القيام به. وفي نفس الوقت، فإنه بدون طرح هذا الخيار وبقوة على الطاولة، فإن إيران لا يمكن أن تقدم تنازلات تذكر فيما يتعلق ببرنامجها النووي، وبالتالي فإن إدارة الرئيس أوباما عليها أن تظهر استعدادها لاستخدام الخيار العسكري في التعامل مع إيران في حال رفضها الحلول الدبلوماسية.

ومن أجل أن تكون الإدارة الأمريكية جاهزة للتعامل مع هذه الخيارات الصعبة مهما كانت، عليها أن تبدأ مناقشة هادئة خصوصا مع دول الخليج، حول أن امتلاك إيران للسلاح النووي سوف يكون ذا عواقب وخيمة، لأنها في مثل هذه الحالة سوف تتعامل بعنجهية مع خصومها، كما أن امتلاكها للسلاح النووي سوف يطلق سباقا إقليميا للتسلح النووي، و الذي يبدو معه أن أيا من الدول العربية ليست قادرة على الدخول فيه قبل عقد من الزمن.

أفغانستان:

مهد الإعلان عن فوز الرئيس حامد كرزاي في الانتخابات الأفغانية الرئاسية الطريق إلى إعلان الرئيس أوباما عن إستراتيجيته الجديدة لأفغانستان؛ فتحديد الشريك الأفغاني كان خطوة ضرورية، وهو ما بدا

واضحا في تأييد واشنطن والعواصم الأوروبية لنتائج الانتخابات رغم عمليات التزوير واسعة النطاق التي شابت تلك الانتخابات، واعتراف الجميع به بمن فيهم أصدقاء الرئيس كرزاي، الأمريكيون والأوروبيون.

ولقد تطور التواجد العسكري الأمريكي بشكل كبير -تنفيذاً لاستراتيجيتها في افغانستان منذ 11 سبتمبر 2001 - ففي ديسمبر 2001 كان عدد الجنود الأمريكيين في أفغانستان لا يتجاوز ألف جندي، وشهدت السنوات الثماني الماضية زيادة مطردة في القوات الأمريكية والدولية ليصل العدد اليوم إلى 108 ألف جندي، دون أن يجدي ذلك نفعا في احتواء العنف في أفغانستان أو يوقف عودة طالبان إلى المشهد الأفغاني من جديد. وبموازاة الزيادة في قوات الناتو، شهدت صفوف المقاومة الأفغانية (طالبان والحزب الإسلامي ومجموعات صغيرة أخرى) زيادة في أعدادها. وطبقا لآخر تقديرات للبيت الأبيض، فقد تضاعف عدد المعارضين المسلحين إلى قرابة 4 أضعاف خلال السنوات الثلاث الأخيرة ليصل إلى 25 ألف مسلح بعد أن كان يقدر بنحو 7 آلاف مسلح فقط في عام 2006، حسب بعض التقديرات. وتواجهه القوات الأمريكية والدولية مهمة صعبة جدا أمام القوات الدولية تتمثل في تدريب وتجهيز الجيش الأفغاني والشرطة الأفغانية ورفع عددها لحوالي 400 ألف، وهي تبدو كذلك في ظل تدني الرواتب وضعف العقيدة القتالية، ويتحتم لتحقيق بعض النجاح لهذه المهمة زيادة الرواتب في الجيش والشرطة، إلى جانب التحرك لإيجاد دوافع نفسية وعقدية ترغب الشباب للانخراط في صفوف الجيش والشرطة لا سيما في المناطق الجنوبية والشرقية التي تشهد انتشار قوات طالبان وبقية المجموعات المقاومِة.

وتعد حرب الافغان هى أطول حرب في تاريخ الولايات المتحدة، حيث بدأت عام 1980 (في ادارة ديمقراطية)، واستمرت (في إدارات جمهورية وديمقراطية) حتى الآن. وقد أصبح الصراع في أفغانستان هاجساً مسيطراً ومستمراً على السياسة الخارجية الامريكية وهى، وفقاً للجنرال الامريكى المستقيل ماك كريستال، تمر بمرحلتها الرابعة حالياً على النحو التالي [1]:

1 - المرحلة الأولى: بدأت بغزو السوفيت في ديسمبر 1979، حيث ساندت الولايات المتحدة والسعودية وباكستان المقاومة الافغانية التى تأسست حول المجاهدين والمقاتلين بدافع حماية الإسلام. ولم يكن لهدف واشنطن علاقة بافغانستان، ولكن بالمنافسة الامريكية/السوفيتية واحتواء الزحف السوفيتى مستخدمة افغانستان كقاعدة لضرب السوفيت من خلال حرب العصابات، وبالتالى فالولايات المتحدة لم تحارب في هذه الحرب بقدر ما سهلت لها، وانتهت هذه المرحلة بانسحاب القوات السوفيتية في 1989.

2 - المرحلة الثانية: وبدأت من 1989 الى 2001، وفيها تنافست قوات المجاهدين التى دربتها الولايات المتحدة على السيطرة على افغانستان وقبلت الولايات المتحدة بسيطرة الاسلاميين على الحكم هناك، حتى تولى تحالف طالبان عام 1996 و الذى منح اللجوء لمجموعة مجاهدين دولية أطلقوا على أنفسهم اسم "القاعدة" وبدأوا حملات ضد منشآت الولايات المتحدة في الخارج.

3 - المرحلة الثالثة: بدأت في 11 سبتمبر 2001 مع هجوم القاعدة

---

(1) George Friedman, The 30-year War in Afghanistan, June 29, 2010, STRATFOR Global Intelligence, http://www.stratfor.com/

على أراضى الولايات المتحدة، ورد الولايات المتحدة على معسكرات القاعدة بافغانستان بعمليات بعد شهر من 11 سبتمبر وانتهت بنهاية فترة بوش، أى مع بداية عام 2009. وكانت أهداف الولايات المتحدة فيها متواضعة تتمثل فى:

أ)   حصار القاعدة وإلحاق اكبر خسائر بها فى الميدان.

ب) إقامة حكومة افغانية رمزية حتى لو كانت غير فعالة. ج - القيام بعمليات محدودة مخططة ضد طالبان.

ولأن الرد الأمريكي بدأ سريعاً، فلم تكن هناك قوات أمريكية كافية لنشرها فى أفغانستان، فقامت بديلا عن ذلك بمساندة الفصائل المعارضة لطالبان والاعتماد على قوات التحالف التى وصلت لاحقاً لتنفيذ اهداف الادارة الامريكية وتمركزت القوات الامريكية فى المدن فى الشمال، واكتفت بالسيطرة على الطرق الرئيسية. وفى المقابل زحفت طالبان الى الريف وأحكمت سيطرتها عليها باعتبارها المدخل الحقيقى لأفغانستان (وليس المدن). وكانت أهم نتائج هذه المرحلة هو النجاح الأمريكي فى ضرب القاعدة ضربات مؤثرة ونقل مركزها الى شمال غرب باكستان، وجعلها غير قادرة على شن هجمات على مستوى 11 سبتمبر مرة أخرى، إلا أن حرب العراق بدأت 2003 وسحبت الاهتمام من أفغانستان. وفى كل الأحوال لم تتواجد قوات أمريكية حقيقية فى أفغانستان.

4 - المرحلة الرابعة 2009 الى الآن: بدأت مع تولى الرئيس اوباما وقراره بدء إستراتيجية تكثيف القوات فى أفغانستان وتحويل الاهتمام من خطأ الحرب فى العراق الى تركيز العمليات العسكرية فى افغانسان،

وبذلك نقل الاستراتيجية العسكرية الامريكية فى افغانستان من تلك التى استمرت طوال 30 عاماً من الاعتماد على قوات غير أمريكية (الثوار الأفغان المجاهدين فى المرحلة الاولى والاعتماد على باكستان، فى المرحلة الثانية، فى ادارة الحرب الاهلية فى افغانستان والاعتماد على القوات الافغانية المحاربة لطالبان فى المرحلة الثالثة وكذلك قوات الحلفاء من شرق أوروبا أساساً) الى الاعتماد المباشر على القوات الأمريكية فى الحرب داخل أفغانستان، إلا ان أهداف أوباما فى أفغانستان غير واضحة، ويمكن صياغتها كالتالى:

أ) البحث عن استراتيجية للخروج من افغانستان مماثلة لتلك التى تم تبنيها فى العراق بخلق أوضاع ملائمة للتفاوض مع طالبان مع جعل شرط عدم عودة القاعدة لافغانستان أحد الشروط لاشراك طالبان فى الحكم واقامة حكومة ائتلافية، وهو الهدف الصعب تحقيقه فى ضوء تعنت الافغان وحربهم من اجل قبائلهم وليس من اجل افغانستان، ومن ثم صعوبة إنشاء جيش افغانى ينقل ولائه للدولة وليس للقبيلة.

ب) عدم إتاحة الفرصة للقاعدة لامتلاك قواعد عسكرية فى افغانستان، وهو ليس بالأمر الذى سيقضى عليها في ضوء امتلاك القاعدة قواعد لعملياتها في دول أخرى، كباكستان واليمن والصومال وغيرها.

ج) البدء فى الانسحاب مع عام 2011.

● ولإنفاذ هذه الأهداف قام أوباما بخطوات:

أ) زيادة اعداد وامكانيات القوات الامريكية فى افغانستان

ب) انشاء قوات أمن افغانية تحت إدارة الحكومة الأفغانية الحالية لتتسلم

149

مهام القوات الأمريكية (أى تقوية حكومة كارازى)

ج) زيادة الضغط على طالبان وشق صفوفهم وعلاقاتهم مع السكان (خاصة فى الريف) وممارسة تكتيكات مكافحة حرب العصابات.

5 - تتمثل الإستراتيجية الحقيقية للولايات المتحدة فى العودة الى الاعتماد على القوات المحلية في تحقيق أهداف الولايات المتحدة لاتفاق منافع الطرفين أو لتقاضيهم الأجر المناسب لذلك، فهؤلاء هم وحدهم القادرين على الوقوف فى وجه طالبان فى اى تحالف.. الا ان تحقيق ذلك أمر صعب للغاية - وفقاً للمخابرات الأمريكية - والبديل الاستراتيجى المتاح هو الابقاء على قوات امريكية كافية لتطوير السياسات الأفغانية، واستخدام القوة والتحفيز (او للتخويف) مع استخدام الحوافز الاقتصادية لتشكيل تحالف مؤيد للأمريكان فى الريف، وهو ما بدأته الولايات المتحدة بعمليات مثل ما تمت فى مقاطعة هيلمند وجذبت بفضلها القوات الاقليمية لتحالفات بدون طالبان، واذا نجحت هذه الإستراتيجية، فإن طالبان ستسعى للتفاوض لكى لا يتم تهميشها، بمعنى آخر تتميز المرحلة الرابعة بأنها تزيد من انغماس ومسئولية القوات الأمريكية لكى تخفضها لاحقاً.

6 - الأمر الاستراتيجي الواضح هنا ان أفغانستان ليست ضرورية - استراتيجياً - للولايات المتحدة (ولا مواردها المعدنية) ولهذا لم يتم استخدام القوات الأمريكية مباشرة هناك، كما أن مسعى اوباما لزيادة القوات الأمريكية أولاً - لكى يهيئ الأوضاع لتسوية سياسية تسمح بانسحاب الولايات المتحدة - مرتبط بحاجته لإنهاء العمليات فى عام 2011. ومن الصعب اقناع الحلفاء الافغان بالمشاركة في التشكيلات المحلية الأفغانية فى

الوقت الذي تستعد الولايات المتحدة لرفع حمايتها، كما انه من الاصعب تقويتهم في فترة زمنية محدودة (بحلول عام 2011)، كما ان الإعلان عن الانسحاب الامريكي المبكر يجعل رغبة طالبان في الحوار محدودة، ويجعل الولايات المتحدة أضعف.

7 - المشكلة التي تواجهة الولايات المتحدة حالياً هـي في <u>تحديد أهمية افغانستان</u> بالنسبة للإستراتيجية العالمية للولايات المتحدة أخذا في الاعتبار امتصاص العراق وافغانستان لقواتها، مما يجعلها مكشوفة أمام العالم في المناطق الأخرى. فلقد انغمست أمريكا في الشأن الافغاني لمدة 30 عاماً بالرغم من عدم قدرتها على التأثير المباشر - على تطورات الأوضاع فيها، وتحالفت وحاربت مع جميع الفصائل هناك (حتى تلك المتطرفة دعمتها في مرحلة ما في تاريخها)، ولكنها لم تحاول ان تفرض حلاً سياسياً من خلال تدخل مباشر لقوات أمريكية، وهو ما يجعل المرحلة الرابعة – الحالية - مرحلة مختلفة. والسؤال الهام هنا هو ما اذا كانت خطة اوباما ستنجح في أفغانستان أو أن هذه الأخيرة تستحق مثل هذا العناء في الوقت الذي تُعرف فيه الاستراتيجية الحالية للولايات المتحدة العالم الاسلامي ككل بأنه "المنطقة التي تسترعى انتباه القوات الأمريكية" وليس أفغانستان فقط.

والخلاصة:

عدم وضوح الإستراتيجية الأمريكية في أفغانستان من حيث الهدف والوسائل، والحاجة الى العودة لدراسة مستقبل التواجد الامريكي في أفغانستان وعدم إمكانية تكرار ما يتم حالياً في الإستراتيجية الأمريكية في العراق. وعدم إمكانية تكرار تطبيق الإستراتيجية الأمريكية في العراق في

حالة أفغانستان، فالمقارنه غير ممكنه لان التورط فى الشأن الافغانى أقدم (30 عاماً) ويمر بمرحلة رابعة فاصلة فى حين أن حرب العراق مرت بثلاث مراحل أهمها الحرب الأهلية[1]. وهكذا فإن الوصول الى مرحلة ما يشبه الحرب الاهلية فى افغانستان (على غرار ما تم فى العراق) والتمكن من تشكيل توافق سياسى هش فى افغانستان، مماثل لذلك الذى يحكم العراق، هو أمر صعب بالنظر لقوة حركة طالبان وتماسكها عبر العصور وبالتالى فتفكيكها يحتاج لوقت أطول من الحد الزمنى المحدد (2011).

2 - خطأ الإستراتيجية الحالية لأمريكا، و التى تعتمد برنامجاً لتجنيد القرويين لحرب طالبان (وهو ما يعترض عليه كرزاى أيضاً) وعدم إمكانية نجاحها فى الوقت الزمنى المحدد لها، وبالتالي فان الخيارات المتاحة تتمثل فى:

أ) أما العودة لإستراتيجية الجنرال المستقيل ماك كريستال[2] التى تعتمد

---

(1) شرح تقرير سابق لمؤسسة Stratfor مراحل الحرب في العراق بأنها ثلاث، بدأت بالحرب التقليدية لإزاحة صدام حسين، مروراً بالمواجهة العسكرية للتمرد السنى والمقاومة الشيعية والحرب الأهلية بين الطائفتين فى الفترة 2003 - 2006، انتهاء بالمرحلة الأخيرة مع نهاية عام 2006 وقامت على دفع قادة السنة نحو نبذ "المجهاديين" الأجانب،وتفكيك التكتل الشيعى إلى عدة فصائل وترضيتها اقتصادياً وسياسياً، بالتوازي مع استخدام القوة العسكرية لدعم هذه الإستراتيجية عبر مهاجمة الجماعات المتمردة وحماية تلك المتحالفة مع الولايات المتحدة.

(1) انقسمت استراتيجية ماك كريستال الى ثلاث مراحل، فى الاولى تعمل القوات على شق طريقها الى المناطق ذات الكثافة السكانية العالية و التى تنشط بها قوات طالبان مثل كابول وخست وهلمند وقتدهار، وفى المرحلة الثانية صد هجمات طالبان على =

على استمرار التواجد الأمريكي لحين تمكن قوات الأمن الأفغانية من بسط سيطرتها مع تواجدها على مقربة من المناطق ذات الكثافة السكانية العالية، وبالتالي الاستفادة مما تتيحه الإستراتيجية من مزايا القوة العالية مقارنه بطالبان مع علاج عيوبها المتمثلة في نقل عبء القتال الى قوات المشاة وازدياد حدة المواجهات المباشرة بين قوات التحالف وطالبان.

أو ب) الانغماس فى حرب مريرة فى العالم الاسلامى (قد تكون إيران والعراق مرة أخرى أو السودان بعد انفصاله)، مما يبرر الحاجة للانسحاب من أفغانستان وترك الحلفاء الأفغان يواجهون مصيرهم وترك مسئولية أفغانستان مرة اخرى الى باكستان من خلال التدخل غير المباشر على النحو الذى تم فى حالة حرب العراق 2003 من التركيز على العراق على حساب افغانستان.

باكستان:

شهدت العلاقات الباكستانية الامريكية نقلة نوعية منذ الاجتماع الأول لآلية الحوار الاستراتيجي بين البلدين في واشنطن نهاية اكتوبر 2009،

= القوات الامريكية وحماية السكان المحليين، وبالتوازى مع المرحلتين الأولى والثانية تأتى المرحَلة الثالثة باستغلال النجاحات العسكرية لإقامة تحالفات مع القادة المحليين، مع استمرار تطبيق الاستراتيجيات التقليدية لمواجهة الإرهاب فى المناطق النائية التى تتواجد بها طالبان بكثافة ويمكن ملاحقتها بالقصف الجوى، أملاً فى استغلال النجاح العسكرى لشق صف عناصر طالبان واستقطاب الساعيين منهم الى السلطة السياسية، ويبقى التحدى فى ان ينظر السكان المحليون الى قوات التحالف كمدافعين عنهم وليس كبؤر لجذب الصراعات الى مناطقهم.

حيث تم خلق اطار مؤسسي للعلاقات الثنائية تشمل مجموعات عمل متعددة تغطي كافة اوجه العلاقات وتجتمع بصفة دورية وعلى مستوى الوزراء أو نوابهم، وهو اطار مؤسسي- لا تتمتع به الكثير من الدول في علاقاتها مع الولايات المتحدة إلا أنه من الواضح أن الخلافات بين البلدين حول الموضوعات الرئيسية لا زالت قائمة وخاصة حول استراتيجية مكافحة الارهاب في افغانستان وباكستان وحول برنامج التعاون النووي الصيني الباكستاني.

بدأت جولات الحوار الاستراتيجي في واشنطن في مارس 2010 وشملت مختلف مجالات التعاون من التنمية وحتى القطاع العسكري والأمنى لتحديد فرص التعاون المستقبلي بين البلدين. كما اتفق الجانبان على وثيقة حول رؤية للمشاركة طويلة المدي بين البلدين واقامة شراكة بين شعبيهما. وعقدت الجولة الثانية للحوار برئاسة وزيرى خارجية البلدين باسلام اباد يومي 18 و19 يوليو 2010 ومن المقرر عقد الجولة الثالثة في واشنطن (اكتوبر 2010) واعلنت الولايات المتحدة عن برنامد تمويلي قيمته اكثر من 500 مليون دولار في اطار برنامج المساعدات الامريكي (كيري/لوجار).

المبحث الرابع: السياسة الخارجية الأمريكية تجاه أوروبا

1 - دول أوروبا الغربية:

ترتبط الولايات المتحدة مع دول اوروبا الغربية برباط ايديولوجي، وتحالف عسكري (حلف شمال الاطلنطي - الناتو)، ومصالح اقتصادية وجيو استراتيجية واثنية ودينية لاتنفصم. وقديماً كانت تعد الولايات المتحدة (الأرض الجديدة) امتداداً لأوروبا (القارة العجوز)، وانقلب الوضع مع استقلال الولايات المتحدة وتميزها الاقتصادي والعالمي منذ الحرب العالمية الثانية وبالذات مع تحملها مسئولية حماية اوروبا وسيطرتها على مقدورات حلف الناتو.

إلا أن هناك تمرد أوروبي ضد الهيمنة الأمريكية، وتخوف أمريكي من تعاظم الدور الاوروبي الموحد على الرغم من الانسجام والتفاهم الظاهري بين الأمريكيين والأوروبيين، وتطابق آرائهم حول معظم القضايا الدولية الساخنة، فإنه لا يمكن إغفال الخلاف الذي يأخذ أشكالاً ظاهرية وأخرى خفية بين هاتين القوتين، والتي يرجع أغلبها إلى عوامل اقتصادية بحتة، فالمواطن الأوروبي الذي يزور العاصمة الأمريكية "واشنطن" مثلاً يشعر بالتفوق الاقتصادي الأمريكي مقابل ركود اقتصادي في قارته الأوروبية، مما ينعكس على مشاعره تجاه كل ما هو أمريكي، وفي مقابل ذلك يعيب المحللون الأمريكيون على أوروبا أنها لا تساهم بالدرجة الكافية في فرض النظام الاقتصادي الإقليمي والدولي، ويطالبونها بتحمل الأعباء المالية للقيادة الدولية التي تصرـ الولايات المتحدة الأمريكية على الانفراد بها دون غيرها. ويحاول الأوروبيون إظهار المساهمات المالية التي يقدمونها لدول العالم

وخاصة روسيا، ودول أوروبا الشرقية، والدول الأفريقية، والشرق الأوسط، وفي نفس الوقت يشعرون بالانزعاج من عدم اعتراف الأمريكيين بذلك، ويؤمن الأوروبيون بأن الولايات المتحدة الأمريكية تشعر بالقلق عندما تقوى شوكة الأوروبيين؛ لأن ذلك سيجعلهم يلتفتون إلى أمورهم المحلية التي تعود عليهم بالمنفعة، ويتخلون عن مساندة الولايات المتحدة الأمريكية في المحافل الدولية، كما يبدي الأوروبيون قلقاً شديداً من تَعَوُّد الولايات المتحدة على معارضة القرارات والقوانين الدولية إذا كانت لا تتفق مع مصالحها، وفي نفس الوقت تُصِرُّ على فرض هذه القرارات والقوانين على بقية دول العالم إذا كان ذلك يحقق المصالح الأمريكية، ومن الأمثلة الصارخة على ذلك طريقة تعامل الولايات المتحدة الأمريكية مع المنظمات الدولية؛ حيث تقوم الولايات المتحدة من طرف واحد بإلغاء التزاماتها المالية تجاه هذه المنظمات، وفي الوقت ذاته تُصِرُّ على إلزام بقية دول العالم بدفع هذه الالتزامات، كما تصر على التزام المنظمات الدولية بالأوامر الصادرة من واشنطن بشكل كامل، كما أنها تعرف متى تستعين بالأمم المتحدة لفرض القرارات الدولية السياسية والاقتصادية، ومتى تقوم بفرض قرارات تحقق مصالحها دون اللجوء للأمم المتحدة، وإلى جانب ما سبق يرى الأوروبيون أن الولايات المتحدة الأمريكية تطالبهم بالقيام بدور فعال في القضايا الدولية دون أن تعطيهم مجالاً للتحرك باستقلال، بل تحاول أن ترسم لأوروبا دورها الدولي في المجالات الاقتصادية والسياسية.

وفي المقابل فقد ظل الرأي العام الأمريكي متأرجحاً فيما يتعلق بالمساهمة التي على الولايات المتحدة الأمريكية أن تبذلها بخصوص مشروع الوحدة الاقتصادية الأوروبية؛ حيث يزداد تخوف الأمريكيين من أن

يساهموا في خلق منافس دولي حقيقي في المجال السياسي والاقتصادي، ويعود الشك الأمريكي في الأوروبيين إلى الطبيعة الأمريكية التي تميل إلى المبالغة في الجدل السياسي رغم أن الولايات المتحدة الأمريكية تعاني من نقص المعلومات حول الأوضاع الاقتصادية الأوروبية، مما دفعها إلى التجسس الاقتصادي على الشركات الأوروبية، وهو الأمر الذى تم اكتشافه فى عام 2000. وبصفة عامة يلاحظ أنه كلما تحركت أوروبا خطوة نحو الاندماج الاقتصادي ترتفع الأصوات الأمريكية بالتحذيرات حول مخاطر هذا الاندماج على المصالح الاقتصادية الأمريكية سواء في أوروبا نفسها أو في مناطق مختلفة من العالم. فتسعى الولايات المتحدة أن تقوم أوروبا بإنشاء اتحاد أوروبي أكثر اتساعًا ولكن أكثر ضعفاً، مع توسيع نطاق التأثير الأمريكي عليه ومنع الوصول إلى أوروبا موحدة سياسيًّا واقتصاديًّا؛ حتى لا تشكل تهديداً للمصالح الأمريكية فى المناطق الهامة من العالم وخاصة في الشرق الأوسط؛ ولذلك كان رد الولايات المتحدة الأمريكية على صدور اليورو الأوروبي في يناير 1999 متمثلاً في عدم الاهتمام بالموضوع، ومؤكداً على عدم نجاحه وذلك ظاهريًّا، ولكن في الواقع يتخوف الأمريكيون من التهديد الذى يمكن أن ينتج عن سيطرة اقتصادية ألمانية - فرنسية، في نفس الوقت تنتقد الولايات المتحدة الأمريكية أوروبا بخصوص أنظمتها الاجتماعية المكلفة وشديدة التعقيد وخاصة في مجال الدعم، مما يؤثر على القدرة التنافسية للمنتجات الأمريكية في الأسواق العالمية.

على جانب آخر يرى الأوروبيون أن الثقة المفرطة للولايات المتحدة الأمريكية بحيوية وقوة اقتصادها تتعارض تماماً مع ادعاءاتها بأنها لم تَعُد قادرة على دفع ما يترتب عليها من التزامات ومسئوليات دولية، وبسبب

تراجع المعونات التى تقدمها الولايات المتحدة الأمريكية للعـالم بـدأ الأوروبيون يشعرون باليأس وهم يرون أن الولايات المتحـدة الأمريكيـة تدفع أقل بكثير مما يدفعون.

وما يثار هنا من هذه التنافسية الاوروبية - الامريكية لا يقلـل مـن عمق التحالف الغربي - الأمريكي وتمكنهم -عند الحاجـة - مـن تجاوز هـذه الخلافات وإنفاذ المصلحة المشتركة أو الرضوخ لـرأي الولايات المتحدة حتى وان اختلفو كـما حـدث في حالة الحرب العراقيـة 2003 حيث تستفيد الولايات المتحدة هنا مـن العلاقة الخاصة بينها وبين المملكة المتحدة وسيطرتها على حلف الناتو.

2 - روسيا واوروبا الشرقية:

العلاقـة بـين روسـيا وأمريكـا طويلـة الأجـل، متعـددة الألـوان والمستويات، ومرتبطة بالعلاقة. وتجاوزت العلاقة بينهما الحرب الباردة، ولن تتطور إلى حرب باردة؛ ليس فقط لأن التاريخ لا يعيد نفسه، ولكن أيضاً لأن روسيا ليست الاتحاد السوفييتي. ولعل عنصر القوة الأهـم في السياسة الروسية الخارجية هو إدراك مجموعة بوتين لهذه الحقيقة. في الوقت نفسه، تبذل روسيا كل جهد ممكن للحفاظ على موقعها كعضو في نادي الكبار، لاستعادة مواقعها الإستراتيجية الحيوية في أوروبا، ودفع السياسة الدولية إلى النظام التعددي [1]

وقد رحبت الخارجية الروسية بالسياسات الأمريكية الجديدة

---

(1) د. بشير موسى نافع، أمريكا وروسيا وأولويـات السياسـة الخارجيـة الأمريكيـة، مجلـة العصر، 2010/4/8

ودعم مبادئ التعاون المتعدد الاطراف والدبلوماسية المتعددة الاتجاهات والنظام العالمي الديمقراطي والعادل والتنمية الاقتصادية الراسخة ومكافحة الاخطار التي يتعرض لها الامن الدولي. مشيرة الى ان هذه الخلفية الايجابية لا تتماشي مع الدعوات الموجه الى روسيا ولو بشكل غير مباشر وكأنها وردت من الزمن الماضي مثل ان تكون "مسالمة" و"تحترم القواعد الدولية" وان تتصرف كـ"شريكة مسؤولة في اوروبا وآسيا". وتمت صياغة كل ذلك في سياق مساندة الولايات المتحدة لـ"سيادة ووحدة اراضي الدول المجاورة لروسيا. بل انه -في رأى البعض - فإن مؤشرات التحول في السياسة الخارجية الأمريكية الشرق أوسطية مرتبطة بتحول أوسع وأشمل حيال روسيا، حيث بدأت الإدارة الأمريكية بالتحرك لإصلاح العلاقات مع روسيا من مدخلين: الأول جورجي، والثاني إيراني.

فقد حمل المدخل الجورجي دعوة أمريكية صريحة إلى نظرائها الأطلسيين إلى التعامل "بواقعية" مع الدولة الروسية. ولا يمكن عزل هذه "الواقعية" عن اعتراف أميركي "كامن" بالمصالح الوطنية الروسية، سواء كان ذلك في جورجيا أم في سواها من جمهوريات الاتحاد السوفياتي السابق. لكن لغة المصالح الأميركية هذه المرة متبادلة ومرتبطة بالتسهيلات اللوجستية التي تقدمها روسيا للجيش الأميركي في أفغانستان.

أما في المدخل الإيراني، فتريد إدارة أوباما مقايضة روسيا عبر صفقة أو تسوية، قوامها استعداد الولايات المتحدة الأميركية لتجميد نشر منظومتها للدفاع المضاد للصواريخ في دول أوروبا الشرقية، مقابل تعاونها مع الولايات المتحدة لإقناع إيران بالتخلي عن المشروع النووي، بوصفها بانية

موقع بوشهر. ويعوّل الأميركيون على الدبلوماسية في هذا الخصوص وعلى قضايا الاقتصاد والمصالح حسبما أظهرت زيارة هيلاري كلينتون الأخيرة إلى الصين.

وأهم ملامح علاقات روسيا وأمريكا هو معاهدة ستارت الجديدة (ستارت 2) التى تم توقيعها في ابريل 2010. وتقلص الاتفاقية الجديدة حجم الاحتياطي النووي لدى أمريكا وروسيا إلى مستوى لم تعرفه العلاقات بينهما منذ بدأ سباق التسلح النووي كواحد من أبرز سمات الحرب الباردة. وقد أثار التوقيع على الاتفاقية الكثير من التكهنات حول العلاقات الروسية ـ الأمريكية، وما إن كانت مقدمة لتفاهمات أكبر وأوسع نطاقاً، سيما في الملفات العالقة ومحل الخلاف، وبالتالي انتظر الكثيرين حدث تصديق الكونجرس الأمريكي على الإتفاقية والذى تأخر حتى آخر جلسة له في ديسمبر 2010. وقد انتهت في ديسمبر 2009 صلاحية معاهدة ستارت-1 التى وقعت في 31 يوليو 1991 ، المتعلقة بمراقبة وتقليص حجم أسلحة الصواريخ الهجومية الإستراتيجية النووية، الروسية والأمريكية، والتي تم التوصل إليها في مطلع التسعينات. وكانت الاتفاقية الأولى قد أبرمت في عهد الاتحاد السوفييتي، ولكن سريان مفعولها بدأت في ديسمبر عام 1994. ووفق تلك المعاهدة، تعهدت موسكو وواشنطن بتقليص السلاح النووي الاحتياطي إلى 6 آلاف رأس نووي. وقد نصت الاتفاقية الثانية على تقليص إضافي للصواريخ النووية الإستراتيجية بين موسكو وواشنطن، واعتبرت مكملة للأولى. وصدق الكونجرس على "ستارت-1" نوفمبر 1996، أما روسا فتأخر تصديقها على الاتفاقة حتى 2000، بسبب عدم كفاية التمويل اللازم وتوتر العلاقات الروسيه ـ الأمريكيه إثر الحرب في البلقان وتدخل

الناتو العسكري في المنطقة. ثم في يونيو 2002، قررت إدارة بوش الابن الانسحاب من معاهدة الحد من منظومات الصواريخ المضادة للصواريخ، الموقعة عام 1972، دون تفاوض مع روسيا، وهو ما أدى إلى عرقلة العمل بـ"ستارت-1".

إلا أن أهم مناطق النزاع بين روسيا وأمريكا يقع في المنافسة بين الجانبين على دول الكتلة الشيوعية السابقة، فبالرغم من نهاية الحرب الباردة، فإن هناك تخوف روسي نابع من التراجع الملموس في مقدرات روسيا وقدرتها على المناورة والانتشار على المسرح العالمي، فكل دول الكتلة الشيوعية السابقة تعيش هاجس الهيمنة الروسية. وبتبني إدارة بوتين سياسة إعادة التوكيد على المصالح الروسية منذ 2005، تصاعد قلق هذه الدول وتكاثرت هواجسها.

في الوقت نفسة التقى الرئيس أوباما بقادة هذه الدول محاولة لتجديد الالتزام الأمريكي بأمنها واستقلالها، ورسالة للقادة الروس حول حدود المسموح وغير المسموح به في الساحة الأوروبية، في الوقت نفسه. فمنذ نهاية القرن الثامن عشرـ وأوروبا هي ساحة الصراع الأساسية للقوة. وما تقوم به موسكو منذ سنوات قليلة هو السعي إلى استعادة مواقع روسيا الإستراتيجية الحيوية في القارة، التي خسرت أغلبها في سنوات التراجع التي أعقبت نهاية الحرب الباردة وانهيار الاتحاد السوفيتي، أو ما يسمى 'الخارج القريب' في لغة الإستراتيجية الروسية. وتنقسم هذه المواقع إلى ثلاث كتل: الأولى، شمال القوقاز، حيث تقع أذربيجان وأرمينيا وجورجيا؛ الثانية، أوكرانيا، حيث الممر السهلي الذي عبرته كل الغزوات الأوروبية

لروسيا؛ والثالثة، دول البلطيق، حيث يتداخل القوس البري والبحري الغربي للإستراتيجية الروسية. في القوقاز، استردت روسيا كلاً من أرمينيا وأذربيجان، ولكن الوضع في جورجيا لم يزل يشكل صداعاً كبيراً لموسكو.

وقد أعادت الانتخابات الأخيرة أوكرانيا إلى المظلة الروسية، وما عاد لدى موسكو خوف من توسع الناتو شرقاً إلى حدود روسيا المباشرة. وبالرغم من أن بيلاروسيا ظلت من البداية جزءاً من المظلة الروسية، فإن دول البلطيق الصغيرة الثلاث الأخرى، إضافة إلى بولندا، تقف موقفاً عدائياً من روسيا. ما يعنيه هذا، أن جورجيا ودول البلطيق ستكون هدف روسيا القادم. وهذا ما يشكل ملف الخلاف الروسي ـ الأمريكي الرئيس.

أما في آسيا، فقد خطت روسيا خطوات واسعة نحو تأمين فضائها الإستراتيجي. ولعل الاتفاق الجمركي الأخير مع كازاخستان، أكبر دول الاتحاد السوفييتي السابق في آسيا، يؤشر إلى حد كبير إلى حجم الإنجاز الروسي في المنطقة. إيران، التي تمثل واحدة من أولويات السياسة الأمريكية الخارجية في الشرق الأوسط، لارتباطها الوثيق بملفات أخرى، من فلسطين ولبنان والخليج إلى العلاقة الأمريكية ـ الإسرائيلية، لا تحتل موقعاً بارزاً في الإستراتيجية الروسية.

وتدرك الولايات المتحدة أن روسيا الحالية ليست الاتحاد السوفييتي، والقيادة الروسية تدرك أنه ليس لديها لا الإمكانيات السياسية والاقتصادية ولا الأداة الإيديولوجية للانتشار العالمي. أهداف روسيا الحالية تتعلق بالمتطلبات الإستراتيجية الحيوية، بالخارج القريب، وليس بصناعة حلفاء وموالين بين دول العالم الثالث، إلا إذا لم تكن هناك من أعباء خاصة

يستوجب على روسيا تحملها لقاء هذا التحالف. ولذا، فما تقوم به موسكو في الملف الإيراني أقرب إلى اللعبة السياسية مع واشنطن، بـدون اكتراث كبير بما يمكن أن تكون العواقب بالنسبة للإيرانيين. عندما يشتد الضغط الأورو ـ أمريكي، تتراجع المعارضة الروسية لمشاريع العقوبات الغربية على إيران. وعندما تتاح أمام موسكو نافذة ما، أو تجد روسيا من الضروري الرد على تجاوز أمريكي ما على مصالحها في هـذه الـدائرة أو تلك، تعلن موافقتها على إكمال المفاعل النووي الإيراني في بوشهر، أو عن صفقة سلاح جديدة لإيران. في النهاية، ترى موسكو أن الأمور تسير لصالحها في إيران[1].

من ناحية أخرى، نجد ان الرغبة الروسية في أن يتعمق حجم تـورط الولايات المتحدة في الأزمـات المختلفـة، تجعـل موسكو غـير قلقـة بالضرورة من توسع نطاق الوجـود العسكري الأمـريكي في أفغانسـتان، التي بات ينظر إليها باعتبارها حرب إدارة أوباما. اختارت إدارة بـوش غـزو العـراق كرافعـة للتفوق الاسـتراتيجي الأمـريكي في العـالم؛ ولكـن احتلال العراق انتهى إلى كارثة كبرى على العراق نفسه وعلى الولايات المتحدة، عسكرياً وسياسياً ومالياً. ولذا، فما يراه الـروس أن أفغانسـتان، مهما كانت نتيجة الحرب،

---

(1) إن قامت الولايات المتحدة بتوجيه ضربة عسكرية للمواقع النووية الإيرانيـة، وقامت إيران بالرد، فإن تورط الأمريكيين في إيران، مبـاشرة أو في شكل غـير مبـاشر، سيزداد؛ وهذا ما سيلقي بأعباء جديدة على السياسة الخارجية الأمريكية وموقع ودور أمريكا العالمي. أما إن انتهت الأزمة الإيرانية سلماً، وارتضت واشنطن التعايش مـع القدرات النووية الإيرانيـة، فستظل إيران مدينـة لروسيا، ولخطواتها الإيجابيـة، مهـما كانت محدودة، تجاهها طوال سنوات الأزمة.

ستكون حلقة أخرى في استنزاف الولايات المتحدة، واستهلاك جهدها السياسي والعسكري بعيداً عن الساحة الأوروبية، بالغة الحيوية لروسيا. أما إن تورط الأمريكيون في إيران، فيصبح الاستنزاف الأمريكي مضاعفاً.

وبالنسبة للمنطقة العربية والعلاقات الروسية - الأمريكية، فبالرغم من أن المنطقة العربية أكثر حساسية وأهمية لتوازنات القوى الدولية، فإن السياسة الروسية بخصوص الصراع العربي الإسرائيلي والخليج لا تختلف كثيراً عن الموقف الروسي في إيران وأفغانستان. هنا أيضاً تدرك روسيا حدود المقدرات المتاحة، وبينما تحاول الحفاظ على الحضور باعتبارها واحدة من دول العالم الرئيسية، فلن تسعى إلى لعب دور شبيه بالدور السوفييتي؛ ولكنها في الوقت نفسه ستنظر بسعادة إلى تراجع الدور والنفوذ الأمريكيين، سواء لتعقد عملية السلام، أو لانهيار ثقة الشعوب والحكام بالإدارات الأمريكية المتعاقبة.

ولعل عنصر القوة الأهم في السياسة الروسية الخارجية هو بذل روسيا كل جهد ممكن للحفاظ على موقعها كعضو في نادي الكبار، لاستعادة مواقعها الإستراتيجية الحيوية في أوروبا، ودفع السياسة الدولية إلى النظام التعددي.

المبحث الخامس: السياسة الخارجية الأمريكية تجاه أمريكيا اللاتينية

تتصف أجندة السياسة الخارجية المتعلقة بأمريكا اللاتينية بأنها ذات موقع غامض مبهم يتخبط بين الشراكة والتباعد؛ فثمة تقارب ولد من الرغبة في ملاقاة شريك مخلص في الصراع ضد الإرهاب العالمي ويمدها بسهولة بالوقود؛ وثمة تباعد ناتج عن فشل خطة بقعة للمبادلات التجارية الحرة على مستوى القارة وناتج عن القلق من الهجرة التي تفاقمت جراء ازدياد محاور الهجرة أمام القادمين من أمريكا اللاتينية، الأمر الذي أدى إلى بناء جدار على طول الحدود بين الولايات المتحدة والمكسيك.[1]

والتوجهات النظرية التي تحكم العلاقات بين الولايات المتحدة وأمريكا اللاتينية تقوم على أساس مذهب أو عقيدة مونرو. ويعني ذلك تعزيز التوسع الأمريكي الموروث من القرن الثامن عشر، من خلال ضمان فرض الرقابة على أراضي نصف القارة الأمريكية الجنوبي. وكل تدخل أوروبي في القارة اللاتينية (قارة أمريكا) يعد تهديداً لسلام الولايات المتحدة وأمنها ويصبح من الضروري القضاء على نفوذ البلدان الاستعمارية القديمة. وحالياً، لا يقف هذا المذهب عند حدود العلاقات الثلاثية (بين أمريكا اللاتينية والولايات المتحدة وأوروبا) وذلك في ظل السياسة التوسعية

(1) Edward Alden, Bernard L. Schwartz (op-ed), Obama's National Security Strategy Could Upend Immigration Debate, New America Media, May 28, 2010, retrieved from:
http://www.cfr.org/publication/22238/obamas_national_security_strategy_could_upend_immigration_debate.html#

الأمريكية. والعلاقة مع دول أمريكا اللاتينية يتصف تاريخياً بأنه علاقة غامضة: فقارة أمريكا الجنوبية تعد "الفناء الخلفي" أو "مكان الصيد الخاص بالولايات المتحدة" و "الأرضية الأساس" للولايات المتحدة. وهكذا نجد أن أمريكا الوسطى وأمريكا الجنوبية تمثلان بقعة يجب حمايتها تحديداً من النفوذ الأوروبي، بغية حماية المصالح الاستراتيجية الأمريكية التي تتميز بوجود نشاط فعال ودائم على المستوى التجاري والاقتصادي والسياسي والثقافي، مما يتيح تعزيز التفوق الأمريكي في العالم.

بيد أن أمريكا اللاتينية تظل -في الرؤية الأمريكية- مع ذلك منطقة ذات أهمية ثانوية لدى السياسة الخارجية الأمريكية. فهي منطقة من العالم الثالث محكوم عليها بالفقر والنمو، ولا تمثل مصالح لها الأولوية لدى الولايات المتحدة، سواء كانت مصالح اقتصادية أو سياسية أو ثقافية. وهذه الازدواجية في المفهوم الأمريكي هي ما يميز منذ الأزل العلاقات بين طرفي القارة الأمريكية وقد أصبحت بذلك السبب الأساسي في فشل سياسة واشنطن نحو أمريكا الجنوبية.

ومنذ احداث 11 سبتمبر 2001 تركت الولايات المتحدة فراغاً خاصة فى السنوات الأخيرة فى أمريكا اللاتينيه (بعد تركيز الولايات المتحدة على حربها فى افغانستان والعراق، ومواجهة الازمة المالية والاقتصادية)، وخلال الولاية الثانية لجورج بوش الابن، ظلت أمريكا اللاتينية بذلك منطقة ذات أهمية ثانوية في السياسة الخارجية الأمريكية. وقبل بضعة أشهر من مغادرته البيت الأبيض شرع جورج بوش في جولة تشمل خمسة بلدان أمريكية لاتينية وهي: المكسيك وجواتيمالا وكولومبيا والبرازيل

والأورجواي. وسعت هذه الزيارة الى تحقيق هدفين أساسيين هما: إيجاد ثقل يوازن نفوذ الرئيس الفنزويلي هوغو تشافيز في المنطقة. وثانيا فرصة للولايات الأمريكية لجلب الانتباه لدى وسائل الإعلام نحو الصعوبات المرتبطة بالملف العراقي، الأمر الذي يؤدي أو يتيح إعادة النظر في الاستراتيجية الأمريكية في الشرق الأدنى والشرق الأوسط. اما في ظل ادارة اوباما فإنه وفقاً لإستراتيجية <u>استراتيجية الأمن القومي لأوباما التي صدرت في 27 مايو 2010</u>، ستقوم الولايات المتحدة مع حلفائها (المكسيك، البرازيل، كندا، تشيلي، كولومبيا) بتعزيز قيام نصف كرة أرضية ديمقراطية، وسوف تتعاون وتعمل مع مؤتمر القمة للأمريكيتين ومنظمة الدول الأمريكية ومؤتمر وزراء الدفاع في الأمريكيتين لفائدة كافة دول نصف الكرة الأرضية. فهناك نزاعات إقليمية ناتجة عن العنف الذي تمارسه كارتيلات المخدرات تهدد الأمن والصحة في الولايات المتحدة، لذلك طورت الولايات المتحدة استراتيجية نشطة لمساعدة دول جبال الانديز في تعديل اقتصادياتها وفرض القانون ودحر المنظمات الإرهابية، وقطع طرق إمداد المخدرات. وبالطبع في قلب هذه الإستراتيجية السياسة الأمريكية تجاه الهجرة.

أما **المحاور الأساسية** للسياسة الخارجية للولايات المتحدة الأمريكية نحو أمريكا اللاتينية:

المحور الأول: شراكة في الصراع ضد الإرهاب وتهريب المخدرات:

لفترة طويلة حكمت الأوجه الأمنية المرتبطة بالصراع ضد إنتاج المخدرات وتهريبها والاتجار بها السياسة الخارجية الأمريكية تجاه أمريكا

اللاتينية. وبعد أحداث 11 سبتمبر 2001، سرعان ما أدرج ذلك في استراتيجية جديدة للصراع ضد الإرهاب الدولي. وبهذا فإن مفاهيم الصراع ضد "الإرهاب" وضد "تجارة المخدرات" انصهرت في بوتقة شراكة جديدة حيث أصبح المظهر الأولي لها هو التعاون العسكري الأمريكي. ونصف القارة الجنوبي قليل الاهتمام بالإرهاب بسبب عدم وجود دولة تسعى لامتلاك السلاح الذري ولعدم وجود جماعات إرهابية تتخذ لها فيه مسرحاً للعمل الدولي الذي قد يهدد الشعب الأمريكي أو مصالحه. وحالياً، لا توجد سوى منطقتين حساستين من الناحية الأمنية وهما: كولومبيا والجبهة الثلاثية التي تضم البرازيل والأرجنتين والباراجواي.

أ - كولومبيا:

تقع أول منطقة خطرة في كولومبيا بسبب انعدام النظام الداخلي فيها جراء المواجهة بين الدولة ومجموعتين من الثوار، وهما (القوات المسلحة الثورية لكولومبيا) (فارك) و (جيش التحرير الوطني) (الن). والنزاع دائر أيضاً بين هذين الفصيلين والمجموعة شبه العسكرية "الدفاع الذاتي الموحد عن كولومبيا"، وهناك العنف بين العديد من المجموعات الخارجة عن القانون التي تنتج المخدرات وتهربها، وهذه كلها عناصر تزيد الفوضى الإقليمية وعدم الاستقرار. وهذا العنف المتأجج سيتيح لكولومبيا أن تصبح أهم شريك لحكومة الولايات المتحدة الأمريكية في الصراع ضد الإرهاب في المنطقة، من خلال خطط تنمية وطنية مثل: "خطة كولومبيا" التي أعدها الرئيس آندريه باسترانا (عام 1998 ـ 2002) وبرنامج "الأمن الديمقراطي" الذي ينفذ حالياً من قبل حكومة آلفارو أوريب.

ب - الجبهة الثلاثية:

المنطقة الحساسة الثانية تضم الجبهة الثلاثية بين البرازيل والأرجنتين والباراجواي، حيث تجري عمليات تبييض الأموال وتهريب الأسلحة والمنتجات الإلكترونية. وبغية الصراع ضد هذه التجارة غير المشروعة تعزز الولايات المتحدة الأمريكية الشراكة العسكرية مع البلدان الثلاثة المعنية، وتقيم آلية وقائية لضمان أمن مصالح كل طرف. وفي عام 2005، تفاوض البيت الأبيض مع الرئيس نيكانور دوارت على إنشاء قاعدة عسكرية على أراضي باراجواي. وقد رفض الرئيس البرازيلي هذا المشروع، بسبب موقفه العدائي من تعزيز الوجود العسكري الأمريكي في المخروط الجنوبي للقارة.

وفي ظل إدارة بوش أصبحت "القيادة الجنوبية" التشكيل العسكري الأساسي في أمريكا اللاتينية. وقد تطور هذا التعاون بتنفيذ عمليات على صعيد تأهيل القوات اللاتينيةـ الأمريكية من خلال تنفيذ 16 برنامجاً. ويعمل هذا الجيش بحرية بين الـ 32 بلداً في القارة، حيث يستخدم القواعد العسكرية في كل من بورتوريكو، والسلفادور، والهندوراس، وفنزويلا، والإكوادور، ويستخدم شبكة من الرادارات لمحاربة تهريب المخدرات. وقد أقيمت رادارات ثابتة في كولومبيا والبيرو، وأقيمت الرادارات المتحركة بين مناطق الآندين وجزر الكاريبي.

المحور الثاني: البحث عن إمدادات غير مشروطة من موارد الطاقة:

بسبب طبيعة الخلافات في العلاقات بين الولايات المتحدة والشرق الأوسط، أصبحت أمريكا اللاتينية شريكاً هاماً يجب المحافظة عليه. فهي

تمتلك 10% من احتياطات النفط العالمية، والتي تتركز أساساً في فنزويلا والمكسيك، مع بعض البلدان الصغيرة المنتجة مثل: كولومبيا، الإكوادور، ترينيداد وتوباجو. وتسعى حكومة الولايات المتحدة للتفاوض من أجل زيادة فترة العقود وزيادة كمية البراميل النفطية المصدرة إليها. وقد قبلت البلدان المنتجة ذلك دون اعتراض، بما في ذلك فنزويلا (المعارض الأساسي للولايات المتحدة في أمريكا اللاتينية).

والمعارضة المفتوحة ضد الهيمنة الأميركية في المنطقة هي القاعدة الإيديولوجية للسياسة الخارجية التي يقودها الرئيس الفنزويلي هوجو تشافيز. وهدفه هو تعزيز تحالف إقليمي يحتج على الطراز الأمريكي، بغية تقليص تدخل القوة العالمية الأولى في الشؤون اللاتينية الأمريكية إلى أدنى الحدود، وتقليص نفوذها السياسي والاقتصادي والثقافي إلى أدنى الدرجات. والمفارقة أن استراتيجية كاركاس تستند من الناحية الاقتصادية إلى عائدات النفط، التي تفيد من ارتفاع أسعار المشتقات النفطية في السوق العالمية. ويواصل هوجو تشافيز تحدي نظيره الأمريكي إبان التدخلات غير المباشرة التي تولد معارك لدى الرأي العام الدولي، والتي تثير مشاعر وطنية على الأراضي الفنزويلية بالدعوة إلى توحيد الشعب اللاتيني الأمريكي. ومع ذلك لم يثر هذا الموقف ردود فعل هامة لدى الولايات المتحدة، ما دامت فنزويلا رابع مزود لها بالنفط بعد السعودية وكندا والمكسيك. وفي العام 2002، وقع هوجو تشافيز ضحية "انقلاب" دبرته في الظاهر المخابرات المركزية الأمريكية. وأدى فشل الانقلاب إلى تفاقم الشعور بالعداء لدى الشعب الفنزويلي نحو جورج بوش في قارة أمريكا الجنوبية، وفاقم عدم ثقة الرؤساء "اليساريين" في الولايات المتحدة. كما أضفى الشرعية على

صورة هوجو تشافيز في أمريكا اللاتينية وعزز فكرة تقارب ضروري بين البلدان اللاتينية الأمريكية بغية تحييد نفوذ الولايات المتحدة في المنطقة.

أقام هوجو تشافيز أيضاً شبكات تعاون، وبشكل أساسي مع الرؤساء اليساريين في أمريكا اللاتينية. ويلاحظ وجود علاقة متميزة بالرئيس البوليفي إيفو مورالس، الذي يشكل أيضاً عنصراً مفتاحياً لواشنطن على صعيد إنتاج الغاز. وهو زعيم نقابي سابق لمزارعي الكوكا، وقد انتخب بفضل خطاباته المناوئة للأمريكيين ومعارضته للطراز الليبرالي الجديد. وسياسة تأميم صناعة الغاز تقلق البيت الأبيض والشركات الأجنبية الموجودة في بوليفيا. وأسلوب الاحتجاج لدى الرئيس البوليفي يقوم على الفعل، أي انتهاج سياسات داخلية تؤدي إلى إفشال ديناميكيات الاقتصاد الحر. وعلى العكس، فإن أسلوب هوجو تشافيز يقوم على استخدام لغة الخطاب. لكن احتجاجاته تقلصت على الصعيد الإعلامي و(العلني) لدى ظهوره في المناسبات.

المحور الثالث: إنشاء منطقة قارية للتجارة الحرة:

على امتداد تاريخها، كانت الولايات المتحدة تمارس هيمنة على المسرح الاقتصادي في أمريكا اللاتينية، وقد كان هناك من الممارسات الفعلية ما دعم ذلك التوجه:

- تقديم "مقترح برادي" لتخفيف الديون طويلة الأمد عن كاهل القارة اللاتينية.
- توقيع "اتفاقية أمريكا الشمالية للتجارة الحرة" بين الولايات المتحدة وكندا والمكسيك.

- تهدئة وتيرة الحروب البينية في أنحاء القارة اللاتينية.
- إنقاذ واشنطن للاقتصاد المكسيكي في عام 1995.

أما ما بعد عام 1995، فقد باتت السياسة الأمريكية تجاه القارة متسمة بالتركيز فقط على القضايا الملحة، دون وضع إستراتيجية واضحة الملامح والأهداف. ومن تلك القضايا المُلحة تنامي الدور الصيني في القارة اللاتينية، وتنامي قوة الرئيس الفنزويلي "هوجو شافيز". وجاءت أحداث سبتمبر 2001 لتُزيد واشنطن بعدا عن القارة، جاعلةً العلاقة معتمدة أكثر على "المُلحّ" دون "الإستراتيجي"؛ الأمر الذي ولَّد الريبة والتوجس لدى حكومات أمريكا اللاتينية.

الاقتصاد الأمريكي وتغيير الحسبة

وتعلل بعض الدوريات الأمريكية تجاهل واشنطن للقارة اللاتينية بتدهور الأخيرة سياسيا واقتصاديا طيلة السنوات العشر الماضية؛ فأصبحت الولايات المتحدة كـ "الشريك المتردد". إن النمو الاقتصادي البطيء في أنحاء القارة مع تصاعد التوترات السياسية والاجتماعية قد أدى إلى تهديد الأجندة الأمريكية تجاه القارة، وهي الأجندة التي تسعى إلى جعل القارة شريكا أكثر إنتاجا وتنافسا، عبر دعم السياسات الديمقراطية واقتصاد السوق، وعبر دفع عجلة التجارة الحرة والاستثمارات، وعبر دعم الجهود التعاونية لحل القضايا العامة مثل الإرهاب والمخدرات. وفي المقابل فإن تجاهل واشنطن لأمريكا اللاتينية إنما هو ناتج عن خروج الأخيرة عن الخط "الديمقراطي" الأمريكي المرسوم، واختيارها لخط آخر، وهو الخط اليساري.

إلا أنه يحكم التحرك الأمريكي حقيقةٌ أن واشنطن لها سوق كبيرة في

أمريكا اللاتينية؛ حيث تصل الصادرات الأمريكية للقارة إلى 150 بليون دولار سنويا؛ وهو ما يعادل نفس نسبة الصادرات الأمريكية تقريبا إلى الاتحاد الأوربي، يذهب ثلثا الصادرات الأمريكية إلى المكسيك دون بقية الدول الأمريكية اللاتينية الأخرى، مع عدم إعطاء دولة مثل البرازيل حظها من تلك الصادرات، وعدم إعطائها مكانتها التي تستحقها في القارة اللاتينية وهو ما ينم عن خلل في الإدراك الأمريكي.

وكانت الولايات المتحدة تدفع بنهاية التسعينيات إلى تعزيز هيمنتها الاقتصادية على القارة عبر تطويرها لمنطقة التبادل الحر في أمريكا اللاتينية، لكن مع بدء تصاعد وصول الرؤساء اليساريين منذ عام 1998 وحتى الآن (لولا داسيلفا في البرازيل، ونستور كيرشنر في الأرجنتين، وتاباري فاسكويس في مونتيفيديو، وهوجو تشافيز في فنزويلا، وإيفو موراليس في بوليفيا) قد خلق وضعا جديدا يحد من هيمنة الولايات المتحدة اقتصاديا على القارة. فضلاً عن إلقاء سياسي امريكا اللاتينية اللوم على الاقتصاد والسياسات الليبرالية والمستغلة فيما تشهده أمريكا اللاتينية من انقلابات بيضاء [1] على منهج السياسة الأمريكية في القارة، وكانت سببا أيضا لتتجه القارة أكثر من ذي قبل إلى تعزيز التعاون الاقتصادي فيما بينها؛ إما من خلال تطوير السوق المشتركة لدول المخروط الجنوبي "ميركوسور"، أو من خلال ظهور مشروعات جديدة مثل البديل البوليفاري

---

(1) أدت إجراءات التحرير التجاري والمالي إلى تسريع سيطرة الاحتكارات المتعددة الجنسيات الأمريكية والأوربية على أسواقها الداخلية، وزادت في الوقت نفسه من ارتباط الاقتصادات الإقليمية بالأسواق الخارجية على مدار عقدي الثمانينيات والتسعينيات من القرن الماضي.

ALBAالذي تسعى فنزويلا إلى أن يحظى بدعم وتأييد قادة القارة في محاولة لمواجهة النفوذ الأمريكي [1].

وفي عام 1994، كانت هناك محاولة فاشلة للرئيس كلينتون في ميامي، إبان أول قمة للأمريكيين، بعرضه الطموح لإنشاء منطقة تجارة حرة للأمريكيين(ZLEA). لكنه لم يحقق أي نجاح ملموس. ويتضح هذا في رفض السياسات الاقتصادية الأمريكية، عقب مسألة التحرر الاقتصادي التي قادتها واشنطن خلال العقدين الأخيرين في أمريكا الجنوبية. وتعد البرازيل وفنزويلا هما المعارضتان الرئيستان لمشروع منطقة التجارة الحرة للأمريكيين بسبب الإجراءات الوصائية لواشنطن لحماية أسواقها، شأنها شأن الاعتمادات المخصصة للصادرات الزراعية التي تتيح بيع المنتجات بأسعار رخيصة لامعقولة. وفي المقابل اقتربت البرازيل وفنزويلا من الاتحاد الأوروبي والبلدان البارزة على الساحة، مثل الصين والهند.

ومع العجز الأمريكي على التوصل الى اتفاقيات ودية قارية تجارية متعددة الأطراف إلى مشاريع أحادية الجانب فتمكن بوش الابن، وقبل أن تنتهي ولايته، عقد اتفاقات للتجارة الحرة مع تشيلي والأرجنتين والبيرو وكولومبيا وأقام شراكات مع أمريكا الوسطى.

---

(1) شرين حامد فهمي، أمريكا اللاتينية.. خروج عن النمط الأمريكي، 2006/3/19،
http://www.islamonline.net/servlet/Satellite?c=ArticleA_C&pagename=
Zone-Arabic-News/NWALayout&cid=1172500536207#ixzz0u85KLcjV

المحور الرابع: إيقاف الهجرة:

أصبحت حدود الولايات المتحدة مع المكسيك منطقة حساسة في الجهاز الأمني الداخلي لأمريكا الشمالية بسبب زيادة أعداد العابرين غير الشرعيين من المهاجرين الأمريكيين اللاتينيين وزيادة تهريب المخدرات. وهذه الوقائع تسلط الضوء على ضعف الجهاز الأمني الحدودي الأمريكي وعلى عدم فاعليته، وتثير قلق واشنطن. فالهجرة أصبحت بذلك موضوعاً ذا أهمية حيوية للسياسة الداخلية للحكومة الأمريكية. ويترجم هذا بزيادة وجود الدوريات الحدودية والحرس الوطني على الحدود المكسيكية. والتخلي عن الخط السياسي في التسامح والتساهل إزاء الهجرة واعتماد أسلوب يحرم الهجرة هما ما يميز راديكالية سياسة واشنطن. ومشروع تجديد نظام الهجرة ينص على إقامة نظام إلكتروني لتحديد الهويات والتأكد من الشخصية، وزيادة عدد الشروط المطلوبة للحصول على تأشيرة للدخول، ورفع قيمة الغرامات على المشاريع التي تشغل عمالاً (لا يحملون أوراقاً رسمية)، واتخاذ إجراءات إبعاد لغير النظاميين، وزيادة حالات عقوبات التوقيف والحجز، وبناء جدار أمني بطول 1200 كم على الحدود بين الولايات المتحدة والمكسيك، وأخيراً قانون ولاية "أريزونا" و الذى اعتبرته دول أمريكا اللاتينية -بلا استثناء - قانون عنصري ضد أبناءها وجالياتها وبما يسمح لعمليات توقيف وطلب لتحقيق الشخصية لمن يبدو عليهم أنهم من اصول لاتينية. ويرى المحللون في هذا النوع من الإجراءات خطأ سياسياً فادحاً يمكن أن يفاقم التوترات بين الأمريكيتين الشمالية والجنوبية، ويؤدي إلى قطيعة غير مرغوب فيها.

والخلاصة أن السياسة الخارجية للولايات المتحدة نحو أمريكا اللاتينية تميزت بعدم وجود برنامج محدد، وشهدت ركودا واضحا، نشأ عن عدة عوامل تضافرت مع بعضها البعض لتفرز في النهاية ذلك الوضع الراهن، فهي نتيجة لإيلاء الأولوية لدى واشنطن للصراع ضد الإرهاب العالمي، وللمشاكل الحاصلة في المشهد الأمريكي - اللاتيني - لذا، فإن الصراع ضد تجارة المخدرات والهجرة والمجموعات المنخرطة في حرب العصابات والعنف المتواتر، تعد كلها نتاج شكل من الإرهاب المعتد، الذي يشكل التفسير للأزمة التي تمر بها أمريكا اللاتينية، غير أنه يجب مقاومتها بشدة كما يحدث في أية بقعة في العالم. ومع ذلك تظل أمريكا اللاتينية في نظر الإدارة الأمريكية، أرضاً ذات أهمية ثانوية في سياستها الخارجية. فالاستراتيجية الأمريكية موزعة إلى مهام عديدة كل منها بمعزل عن الأخرى ولا تشكل برنامجاً راسخاً حقيقياً طويل الأجل. وتواصل واشنطن ظهورها بمظهر العاجز الذي لا يقدر على الاضطلاع بالتزامات حقيقية خارج إطار مصالحها الاقتصادية والسياسية في المنطقة والعاجز عن إدراك ديناميكيات تلك المنطقة، والنزاعات والرهانات المتعلقة ببعضها والمتداخلة والقائمة على المسرح الأمريكي اللاتيني، أو التعاون الفعال لحل الإشكالات الإقليمية..[1] وهكذا تضافرت نظرة "التجاهل" (من جانب واشنطن) مع نظرة "الريبة" (من جانب القارة اللاتينية) لتنتج تلك العلاقة الراكدة التي لم

(1) محمد ياسر مصور،السياسة الخارجية للولايات المتحدة نحو أمريكا اللاتينية،مجلة الحرس الوطني: عسكرية،01/08/2009،

http://haras.naseej.com/detail.asp?InNewsItemID=332776&InTemplateKey=print

تكن متواجدة في أوائل التسعينيات. إلا أن واشنطن لا تدرك مدى خطورة ذلك "الركود" على الاقتصاد الأمريكي الذي يعتمد بشكل مكثف على القارة اللاتينية.

من ناحية اخرى تسعى دول امريكا اللاتينية – خاصة تلك التى يحكمها نظماً مناهضة للولايات المتحدة وعلى رأسها كل من كوبا وفنزويلا والبرازيل والاكوادور ونيكارجوا - الى الخروج من عزلتها السياسة والترويج لسياستها بتبوء دور اقليمى صاعد من خلال بناء اقتصاد قوى وغير معتمد على الولايات المتحدة، مع العمل على تقليص النفوذ الامريكى فى أمريكا اللاتينية ودول الكاريبى، يدعمها فى ذلك إمتلاكها مركزاً اقتصادياً هاماً فى المنطقة. ولعل هذا هو السبب الرئيسى لطرح فكرة انشاء منظمة مستقلة جديدة لامريكا اللاتينية –بعيداً عن منظمة الدول الامريكية التى تضم فى عضويتها امريكا وكندا - حيث ترأس فنزويلا القمة القادمة لدول القارة لاعلان المنظمة الجديدة عام 2011. وتلقى هذه الرؤية الواسعة لدوائر العلاقات اللاتينية قبولاً دولياً من دول هامة كروسيا والصين، وكذلك مبادرات تعاون الجنوب / الجنوب، حيث ترتبط مثلا كل من الهند وجنوب افريقيا والبرازيل برباط خاص وهو التعاون فى اطار منتدى الابيسا IBSA (و الذى نشأ بعد فشل قمة كانكون للمنظمة العالمية للتجارة عام 2003 بهدف تدعيم التعاون الجنوب / الجنوب خاصة فى مجالات الزراعة والتنمية الاجتماعية)، ويسعى لتنسيق مواقف دوله فى المنتديات العالمية والمشاركة فى صياغة الاقتصاد العالمى التنموى)، وبالتالى لا تنقطع الزيارات المتبادلة بين الدول الثلاث، منها على سبيل المثال، زيارة الرئيس البرازيلى للهند فى اكتوبر 2008، وزيارة رئيس

جنوب افريقيا للبرازيل فى اكتوبر 2009، ومشاركة كل من رئيس وزراء الهند ورئيس جنوب افريقيا فى قمة الايبسا الرابعة بالبرازيل (15 ابريل 2010). ومن الملفت قيام البرازيل خلال عام واحد (2008) بافتتاح 6 سفارات لها بالدول الافريقية مما يعنى ان الالتزام اللاتينى بالانفتاح على دول الجنوب حقيقى واستراتيجى.

من ناحية اخرى، لا تكتفى دول امريكا اللاتينية بالتعاون اللاتينى فى سعيها للاستقلال - خاصة الاقتصادى - عن النفوذ الامريكى. فبالاضافة لسعيها لتوسيع عضوية الميركوسور اللاتينية- بضم فنزويلا قريباً - فإنها تسعى لتدعيم علاقاتها مع تجمعات ودول اخرى فوقعت روسيا مؤخراً مذكرة تفاهم خاصة بإنشاء آلية للحوار السياسى والتعاون مع التجمع. كما أنه ولأول مرة قل الاعتماد على السلاح الامريكي في القارة (يقدر معهد لندن الدولى إجمالى صادرات السلاح الروسى بامريكا اللاتينية بـ 5. 4 مليار دولار فى 2009 متقدمة فى ذلك على الولايات المتحدة، وفتحت الصين لمنافذ سوق السلاح الصينية وأهمها بفنزويلا، التى تسلمت فمارس2010 أول دفعة طائرات حربية). وحققت الصين نجاحات كبيرة فى امريكا اللاتينية حتى أصبحت الشريك التجارى الرئيسى لعدد من دولها، والشريك الأول للبرازيل (أكبر اقتصاديات أمريكا الجنوبية)، كما أصبحت، ولأول مرة، أكبر سوق للمنتجات البرازيلية (بزيادة 23. 1% عام 2009 مقارنة بالعام السابق)، وباتت فنزويلا خامس أكبر شريك تجارى للصين فى أمريكا اللاتينية. ولا تولى الولايات المتحدة الامريكية فى الوقت الحالى هذا التنافس الدولى على القارة اللاتينية الاهتمام الكافى خاصه فى ضوء التطمينات التى تتلقاها من روسيا والصين، الا ان عزم دول امريكا اللاتينية

الصاعدة - خاصة البرازيل وفنزويلا - على الاستقلال عن النفوذ الامريكي مستمر، وسيتصاعد مع إعلان فنزويلا عام 2011 تأسيس منظمة أمريكا اللاتينية بدون مشاركة أمريكية بها.

خاتمة

الثابت والمتغير في توجهات أوباما

بعد مرور أكثر من عام ونصف من إدارة أوباما وضحت ملامح السياسة الخارجية الأمريكية في ظل هذه الادارة التى لا تعدو أن تكون استمرار المنهج الذى اتبعه بوش الابن في ولايته الثانية للتعامل مع الشئون العالمية، وحتى في المواضيع التى حاول اوباما ان يغير سياسة ادارة بوش حيالها (قضية جوانتانامو مثلاً) اعاقه واقع الحال من أن يصل الى ما كان يصبو اليه.[1] وما أنجزته بالفعل هو تحسين خطاب السياسة الخارجية الأمريكية، وان حمل تناقضات على ارض الواقع، ومن أبرز هذه الامثلة[2]:

1) فيما يتعلق بسياسة أوباما تجاه العراق فإنه في الوقت الذي يشدد على الإنسحاب على مراحل إلا أن تأكيده على استقرار العراق والحيلولة دون قيام حكومة معادية أو قيام قاعدة للإرهاب فيه يشير إلى بقاء أمريكي - من نوع معين - فضلا عن وجود دبلوماسية نشطة للقوة الناعمة تعمل على تحقيق هذه الأهداف.

2) أن نظرته إلى أفغانستان ربما تختلف قليلا، فمع أيدلوجيته الديمقراطية يرى أن التدخل العسكري كان ضرورياً بسبب وجود القاعدة المسؤولة عن أحداث 11 سبتمبر وعن وجود نظام طالبان المتشدد والأصولي،

---

(1) Michael Barone، Obama Abroad: in some ways، Much like Bush، American Enterprise Institute، 6 April 2009

(2) رعد محمود البرهاوي، السياسة الخارجية لدى باراك أوباما، اللجنة العربية لحقوق الإنسان،22-02-2009 ، www.achr.nu/art591.htm

وهو مع تعزيز الوجود الأمريكي والأطلسي فيها.

3) إن نظرة أوباما إلى تشجيع الديمقراطية في العالم لا تقوم على الفرض من الخارج وإنما تشجيع الداخل على الوصول إلى مرحلة الديمقراطية عبر وسائل الضغط المباشر وغير المباشر.

4) أما سياسة أوباما تجاه التصدي للدول المارقة فهي غامضة وحتى موقفه من الملف النووي الإيراني الذي يشغل المنطقة والدول الكبرى فهو الآخر غامض، وكذلك في سياساته للتصدي لمنافسة الصين. في حين نجد أن سياسته المفترضة للتصدي للمنظمات الإرهابية تقوم على مبدأ التعاون الدولي الذي يقلل من كلفة التدخل ويحمي أمريكا من القيام بدور الشرطي على الرغم من أنه يؤيد التدخل الأحادي في حالات الضرورة إذا كان ذا أبعاد أخلاقية وكذلك الحال للضربات الاستباقية.

5) يطرح أوباما أيضاً مسألة معالجة الفقر في دول العالم وأن أمن العالم هو أمن لأمريكا أيضاً ومعالجة مسألة الدول الفاشلة من القضايا المهمة لأنها تشكل أرضية خصبة للإرهاب وهنا تأتي دور المساعدات الأمريكية ونشاطات صندوق النقد الدولي والبنك الدولي.

6) على صعيد الصراع العربي الإسرائيلي والقضية الفلسطينية فلا تتوقع ادارة اوباما حلا في الجيل الحالي، وقد توصل إلى هذه النتيجة بعد زيارته لفلسطين وهو في هذا الأمر يتفق مع طرح المنظمات الفلسطينية مثل حماس وغيرها التي لا تعتقد بأي حل يطرح. كما أن نتائج انتخابات التجديد النصفي الأخيرة التي عقدت في نوفمبر 2010

التى عبرت عـن تراجـع شـعبية اوبامـا وحزبـه الـديمقراطي تعنـى أنـه سيسعى في الفـترة القادمـة الى اجتـذاب أصـوات اللـوبي اليهـودي الأمريكي.

وأخيراً يلاحظ أن أوباما في نظرته إلى السياسـة الخارجيـة الأمريكيـة المقبلة قد أهمل أو سكت مع كيفية التعامل مع:

1) شيوع اليسار الديمقراطي في أمريكا اللاتينيـة وهـو معـاد لأمريكـا بصورة عامة.

2) أن أفغانستان اليوم تشكل مع كشمير سـبباً للتـوتر المتصـاعد بـين الهند وباكستان وهما دولتين نوويتين.

3) وضع سياسة أمريكية تتعامل بإيجابية مع الأحزاب الإسلامية التي تـؤمن بتـداول السـلطة والديمقراطيـة في المنطقـة بـدل الأحـزاب السلطوية الفاقدة للشعبية والمدعومة من أمريكا.

4) إصلاح الأمم المتحدة واعادة الاعتبار إلى مؤسساتها وقراراتها.

وهكذا ففى التحليل الاخير فإن أوباما لم يتراجع عن استخدام القوة العسـكرية سـواء في العـراق أو أفغانسـتان، فضـلا عـن أنـه لم يخفـض ميزانية الدفاع، لكن هذا بذاته لا يجعل منه قوميا أو معتنقا لسياسات القوة؛ فهو ببساطة يريد إنهاء الارتباطات العسكرية للولايـات المتحـدة إلى جانب تفادي استعراض القوة الأمريكية.. هو لا يستخدم لغة القوة التي استخدمها كنيدي ضد خروشـوف، ولا أطلـق سـباقا للتسـلح مثـل رونالد ريجان، ولا وضع إسـتراتيجية للأمـن القـومي مثـل جـورج بـوش الابن الذي أراد تكريس الهيمنة الأمريكية باسـتخدام الحـرب الوقائيـة. وفي المقابل يحاول أوباما إعادة بناء

العلاقات مع ألد الخصوم مثل إيران أو كوبـا أو فنـزويلا باستخدام لغة تسكين إن لم تكن اعتذار من أجل استعادة القوة الناعمة الأمريكية Soft Power. إلا أن القـوة الناعمـة لا يمكنهـا حـل المشاكل الصعبة وحدها، لذا تتحدث الإدارة الأمريكية الحالية عن مفهوم "القوة الذكية Smart Power"التي تجمع كل مصادر القـوة في السياقات المختلفة. ولا يمكن إنكار أن القوة الناعمة تخلق مناخا مواتيا للتحرك السياسي، وليس أدل على ذلك من تقارير الدبلوماسيين التي تؤكد أن نجاح أوباما في التوسط لاتفاقيات في إطار الناتو ومجموعة الـ20 قد اعتمد إلى حد كبير عـلى شعبيته. كـما قامـت إدارة أوباما بمجموعـة مـن الأفعـال المهمة[1].، ولعل أولها وأهمها معالجة الأزمة الاقتصادية، وهو ما تطلب رزمة مـن المحفزات الاقتصادية في الداخل والتنسيق عـلى المستوى الـدولي، حيث عمـل أوباما مـع الـدول الأخـرى والمؤسسات لتنسيق عمليـات الحفـز المـالي وإجـراءات الإنقـاذ المـالي وتحديـد الخطـوات الحمائية، واستغل أوباما الأزمة الاقتصادية لتحقيق مـا سعى إليـه كثيرون لسنوات، وهو تحويل مجموعة الثماني إلى إطار مؤسسي- أوسع هو مجموعة العشرين التي تتضمن الاقتصادات الصاعدة؛ ومـن ثم يمكن القول إن تركيز أوباما على الأزمة الاقتصادية لم يكـن فقط خيارا صحيحا بل وترتبت عليه كذلك نتائج هامة.

من ناحية أخرى تمثل ثاني إنجازات أوباما في معالجة العلاقات مع الصين والتي تعد أحد أهم تحديات السياسة الخارجية في القرن الحادي

---

(1)   مـــروة نظـيـر، سيـاسـة أوبامـا الخارجيـــة في عـــام.. رؤى أمريكيـة، http://www.islamonline.net/servlet/Satellite?c=ArticleA_C&cid=126237 2099945&pagename=Zone-Arabic-News/NWALayout

والعشرين. هنا بنى أوباما على إنجازات بوش موسعا من نطاق اللقاءات الاقتصادية لخلق حوار إستراتيجي حول قضايا التغير المناخي وغيرها من القضايا متعددة الأطراف. وفي نفس الوقت، حافظ أوباما على التحالف القوي مع اليابان وأستراليا وعلى علاقات جيدة مع الهند على نحو يحدد ملامح ميزان القوى الذي تتصاعد في إطاره قوة الصين.

أما ثالث أهم إنجازات أوباما فيتمثل في تأكيد الالتزام الأمريكي طويل المدى بتحقيق عالم خال من الأسلحة النووية، وبذل جهدا لوضع قضية عدم انتشار الأسلحة النووية على جدول أعمال كل من الأمم المتحدة ومجموعة العشرين، كما قام أوباما بمجموعة من التحركات الذكية أفضت إلى الكشف عن قيام إيران بتخصيب اليورانيوم سرا في قم، فضلا عن أن تحسين العلاقات مع روسيا، قد ساعد في جلب إيران إلى طاولة المفاوضات (بغض النظر عما سيفضي إليه ذلك من نتائج). ويمكن قول الأمر ذاته عن أن تحسين العلاقات مع الصين سيساعد على تأطير كوريا الشمالية بالمفاوضات مع اللجنة السداسية التي صممت أساسا لاحتواء تهديد بيونج يانج.

وعلى الرغم مما يراه البعض من أن هذه الإنجازات جاءت على حساب التخلي عن الوضوح الأخلاقي بشأن قضايا حقوق الإنسان، ومع الاعتراف بأنه لا تزال هناك بعض القضايا التي تحتاج إلى حلول من إدارة أوباما مثل أفغانستان والعراق والشرق الأوسط، إلا أن الوقت أمامه لا يزال طويلا. ومفتاح وفرص نجاح السياسة الخارجية في ادارة اوباما في التحديات الخمس الرئيسية التي تواجه الإدارة الحالية (كوريا الشمالية، وإيران،

وعملية الســلام في الشرق الأوســط، وأفغانســتان، والعــراق) يعتمــد تمامـاً على إنجازاته التى سيتمكن من انجازها محلياً كالرعايـة الصحية والإصلاح المالي والحالة العامة للاقتصاد [1].

وهكذا نري ثبات المصالح والتوجهات الرئيسية الأمريكية مـع تغيـر في السياسات والمقاربات التي تستهدف تحقيقها. وبشـكل عــام فإنـه في مجال السياسة الخارجية لم يحدث أي تغير جوهرى في مسـار الإدارات الأمريكيـة المختلفة. ورغـم مـا كتـب عـن توجهـات أوباما السلمية وكراهيتـه للمغامرات العسكرية في الخارج، فهـو لم يقـم حتى الآن بتعديل السياسة الأمريكية في العراق عـلى نحو ملحـوظ، نعـم هنـاك تخفيض للوجود العسكري الأمريكي في العراق. والخطاب الأكثر وضوحا لأوباما كان في حالة إيران، صاحبة الأحداث الأكثر إثارة. وفي كل ذلك أكد على هدف السياسة الخارجية الأمريكية الأول وهو تجديد القيادة الأميركية للعالم.

---

(1) المرجع السابق.

المراجع

أولاً: المراجع العربية:

- تيسير قاسم، آليات صناعة السياسة الخارجية الأمريكية، لسنة الثامنة - العدد الثاني والتسعون - شعبان - رمضان -1430هـ أغسطس2009،

http://www.wahdaislamyia.org/issues/92/tkassem.htm

- د. بشير موسى نافع، أمريكا وروسيا وأولويات السياسة الخارجية الأمريكية، مجلة العصر، 2010/4/8
- د. محمد مجاهد الزيات، قراءة في إستراتيجية الأمن القومي الأمريكي، الأهرام 2010/6/28
- د.غازي فيصل حسين، إستراتيجية الأمن القومي الأمريكي: دبلوماسية متعدِّدة الأطراف، صحيفة الشمس.
- رعد محمود البرهاوي، السياسة الخارجية لدى باراك أوباما، اللجنة العربية لحقوق الإنسان، 22-2-2009

www.achr.nu/art591.htm

- سليمان تقي الدين، استراتيجية اوباما للأمن القومي، الخليج الاماراتية، 2010/6/5
- سمير مرقص، أمريكا والشرق الاوسط: موقف تقليدي وغير مشجع، الشروق، 2010/6/7،

http://www.shorouknews.com/Columns/Column.aspx?id=242838

- شرين حامد فهمي، أمريكا اللاتينية.. خروج عن النمط الأمريكي، 2006/3/19،

http://www.islamonline.net/servlet/Satellite?c=ArticleA_C&pagename=Zone-Arabic-

News/NWALayout&cid=1172500536207#ixzz0u85KLcjV

- صبحي غندور، متى المراجعة الفعلية في السياسة الخارجية الأميركية؟، مركز دمشق للدراسات النظرية والحقوق المدنية، 23-06-2010
- عقيل غني جاحم، أستراتيجية الامن القومي الامريكية الجديدة في العراق:أنهاء الحرب،ودعم حكومة منصفة لاتوفر ملاذ للارهابيين ، 2010/5/28، عقيل، akeel72.maktoobblog.com
- عمرو عبد العاطي، الثابت والمتغير في استراتيجية الأمن القومي الأميركي،الأوسط، 2010/6/23،

http://www.awsatnews.net/?p=30597

- محمد بيلا، السياسه الخارجية الامريكية تجاه الصين، 5 أغسطس 2008،

http://www.maktoobblog.com

- محمد ياسر منصور،السياسة الخارجية للولايات المتحدة نحو أمريكا اللاتينية، مجلة الحرس الوطني: عسكرية، 2009/8/1،

http://haras.naseej.com/detail.asp?InNewsItemID=332776&InTemplateKey=print

- مروة نظير، سياسة أوباما الخارجية في عام.. رؤى أمريكية،

http://www.islamonline.net/servlet/Satellite?c=ArticleA_C&cid=1262372099945&pagename=Zone-Arabic-News/NWALayout

- نوام جومسكي، التهديد الايراني.. الأزمة الاكبر في السياسة الخارجية الاميركية، ترجمة: محمود عسكر، 2010/7/7، شبكة الانترنت

http://www.alalam-news.com/node/259769

المراجــع

ثانياً: المراجع الإنجليزية:

1- Documents and Encyclopedia:

- National Security Strategy, White House, 27th May 2010, Retirieved From: www.whitehous.com

- Quadrennial Diplomacy & Development Review (QDDR 2010-2014), USAID, 15th December, 2010, retirieved from www.usaid.gov

- Presidentail Policy Directive on Global Development, White House, 17th September 2010, Retrieved From: www.whitehous.com

- Overview of the Afghanistan and Pakistan Annual Review, December 2010, White House , December 16, 2010, Retirieved From: www.whitehous.com

- http://www.islamonline.net/

2-Internet Sources:

- Anne Gearan And Robert Burns, Obama's National Security Strategy Turns Away From Bush Administration Goals, 17th August, 2010, HuffPost Politics, retrieved from http://www.huffingtonpost.com/2010/05/26/obamas-national-security_n_590109.html

- Edward Alden, Bernard L. Schwartz (op-ed), Obama's National Security Strategy Could Upend Immigration

Debate, New America Media, May 28, 2010, retrieved from: http://www.cfr.org/publication/22238/obamas_national_security_strat egy_could_upend_immigration_debate.html#

- George Friedman, Israeli-Palestinian Peace Talks, Again, STRATFOR GLOBAL INTELLIGENCE, 23 August, 2010.

- George Friedman, The 30-year War in Afghanistan, June 29, 2010, STRATFOR Global Intelligence, http://www.stratfor.com/

- Michael Barone، Obama Abroad: in some ways، Much like Bush، American Enterprise Institute، 6 April 2009, Rasmussen Reports, http://www.rasmussenreports.com/public_content/political_commenta ry/commentary_by_michael_barone/obama_abroad_in_some_ways_m uch_like_bush

Sarah Jane Staats, Obama's National Security Strategy: What Happens Here Matters There and Vice Versa, June 1, 2010, Center For Global Development, retrieved from http://blogs.cgdev.org/mca-monitor/2010/06/obama%E2%80%99s-national-security-strategy-what-happens-here-matters-there-and-

vice-versa.php

● Waleed Aly , Obama's National Security Strategy,1 June 2010, ABC,

Retrieved from:

http://www.abc.net.au/unleashed/stories/s2914175.htm

فهرس المحتويات

فهرس المحتويات

الموضوع — الصفحة

ملخص تنفيذي 3
مقدمة: (الآمال التى عقدت على ادارة الرئيس اوباما) 13

الفصل الأول

محددات السياسة الخارجية الأمريكية

المبحث الأول : التطور التاريخي للسياسة الخارجية الأمريكية 17
المبحث الثاني: صنع السياسة الخارجية الأمريكية 22
المبحث الثالث: التوجهات العامة للسياسة الخارجية الأمريكية 32

الفصل الثاني

استراتيجية ادارة الرئيس اوباما

تمهيد 41
المبحث الثاني : أهداف استراتيجية أوباما للأمن القومي..... 46
المبحث الثاني: محاور استراتيجية اوباما 50
المبحث الثالث: الاختلاف والتجديد في استراتيجية اوباما 66

الفصل الثالث

ملامح السياسة الخارجية الأمريكية في بعض المناطق

المبحث الأول: السياسة الخارجية الأمريكية تجاه العالم العربي (منطقة الشرق الأوسط)........................ 81
المبحث الثاني: السياسة الخارجية الأمريكية تجاه أفريقيا.... 106
المبحث الثالث: السياسة الخارجية الأمريكية تجاه منطقة وسط آسيا 129

الموضوع	الصفحة

المبحث الرابع: السياسة الخارجية الأمريكية تجاه أوروبا....	155
المبحث الخامس: السياسة الخارجية الأمريكية تجاه أمريكيا اللاتينية........	165
● **خاتمة:** الثابت والمتغير في السياسات الأمريكية	181
● **المراجع**........	187
● **الملاحق**........	193

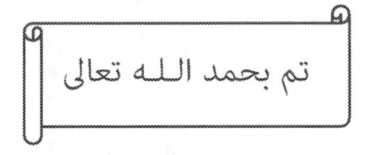

تم بحمد الله تعالى

Printed in the United States
By Bookmasters